TABLE GÉNÉRALE

DES

PROCÈS-VERBAUX

DU CONSEIL COLONIAL ET DU CONSEIL GÉNÉRAL

DES ÉTABLISSEMENTS FRANÇAIS DE L'INDE

DE

1872 à 1892

PONDICHÉRY
IMPRIMERIE DU GOUVERNEMENT
1895.

RÉSUMÉ DES MATIÈRES

CONTENUES

Dans le répertoire analytique des procès-verbaux du Conseil colonial et du Conseil général de 1872 à 1881.

A

Abatage.... 1
Abattoire.... 1
Achat, Acquisition.... 1
Action en justice.... 3
Adjudication.... 3
Agent voyer.... 3
Agriculture.... 3
Aliénation.... 4
Aliénées.... 4
Apprentissage.... 4
Aqueduc.... 4
Arbres.... 5
Archives.... 5
Armurier.... 5
Arrack-patté.... 5
Arrosage.... 5
Arselar.... 5
Arsenal.... 6
Asile.... 6
Audience foraine.... 7
Avance.... 6
Avancement.... 7
Avocat.... 7

B

Bac.... 7
Bail.... 7
Bangalow.... 8
Banque.... 8
Barrage.... 8
Bâtardeau.... 10
Bazar.... 10
Béchecars.... 10
Bétel.... 10
Bibliothèque.... 11
Bois.... 11
Botaniste agriculteur.... 11
Bourses, Boursiers.... 12
Brahmes.... 12
Bûcher.... 12
Budget.... 13
Bulletin.... 22
Bulletin des actes administratifs.... 22

C

Cadastre 22
Cahier de charges....... 22
Caisse................. 23
Caisse d'épargne........ 23
Caisse des invalides...... 23
Caisse de réserve........ 23
Caisse de secours........ 24
Caillou................ 24
Canal.................. 24
Caniveau............... 25
Cantonniers............ 26
Caserne................ 26
Catalogue.............. 26
Cautionnement.......... 26
Certificat d'origine....... 26
Chambre de commerce... 27
Chantier............... 27
Charrette.............. 27
Chaudrie............... 27
Chef de service......... 27
Chelingues............. 28
Chemins................ 28
Chemin de fer.......... 29
Chiens................. 30
Chimie................. 30
Cimetières............. 31
Cipahis................ 31
Code pénal............. 32
Colis postaux........... 32
Collèges............... 32
Collèges électoraux...... 32
Comité de bienfaisance.... 32
Comité de jurisprudence.. 33
Commissaire-priseur. ... 33
Commission............. 33
Commune............... 35
Compte................. 36
Concession............. 38
Conduite d'eau.......... 39
Conseils électifs......... 39
Conseil général (voir conseils électifs)......... 39
Conseil local (voir conseils électifs.).............
Conseil municipal (voir municipalités.........
Constatation............ 40
Constitution............ 40
Consultation gratuite..... 41
Contingent............. 41
Contrat................ 41
Contributions........... 41
Cote foncière........... 42
Côteaux............... 42
Cours professionnel (voir école, enseignement industriel)............ 42
Crédits................ 43
Culture................ 45
Cyclone............... 45

D

Débordement........... 45
Décès................. 46
Décimes............... 46
Décret................ 46
Dégrèvement........... 46
Délimitation........... 47
Dentelle.............. 47
Dépêche ministérielle.... 47
Dépenses.............. 48
Dépôt. 48
Dépôts et consignations... 48
Dépôt judiciaire......... 48
Digue................. 49
Direction de l'intérieur... 49
Discours............... 49
Disette................ 50
Dispensaire............. 51
Distribution d'eau....... 51
Dons, Donation... 51
Dotation............... 51
Douanes, Douaniers..... 52
Droits (contributions).... 53
Droits (cours de)........ 56

E

Echange 56
Eclairage 57
Ecluse 58
Ecole 58
Ecole professionnelle (voir école, enseignement industriel) ....
Eglise 59
Election 59
Emigration 60
Emprunt 60
Enregistrement 60
Enseignement industriel 60
Entrepôt 60
Etalonnage 61
Etang 61
Etat civil 62
Etat de développement (voir compte) 36
Excédant 62
Excursion 63
Exonération 63
Exportation 63
Expropriation 64

F

Famine (voir disette) 64
Ferme 64
Fête nationale 64
Filature 64
Foire 65
Fonds commun 65
Fontaine 66
Fourniture de bureau 66
Fourrière 66
Frais de bureau 67
Frais de justice 67
Frais de route et de passage 68
Frais de séjour et de voyage 67
Frais de tournées 68

G

Gendarmerie (voir police) 68
Glacière 68
Godavéry 68
Gonge 68
Goretty 69
Gouvernement 69
Grains 69
Gratifications 70
Greffe, greffiers 70
Guinées 70

H

Hangars 71
Herbes 71
Hôpital 71
Horloge 72
Hospice-hôpital 72
Hôtel de ville 73
Huile 73
Huissier 73
Hypothèque 73

I

Ile 74
Impôt 74
Imprimerie 75
Incompatibilité 76
Incomplet 76
Indemnité 76
Inondation 76
Inspecteur d'académie 77
Inspecteur primaire 77
Interpellation 77
Interprète 77
Instruction publique 77
Instruments aratoires 78
Irrigation 78

J

Jardin.................. 78
Joncans.................. 79
Juge de paix........... 79
Jury.................. 79
Justice.............. 79

L

Laboratoires............ 80
Laldiguy................ 80
Législation pénale (voir Code pénal)........... 80
Legs.................. 80
Lettres................ 80
Licences.............. 80
Livres.................. 81
Location................ 81
Lods et ventes.......... 82
Loge.................... 82
Logement................ 83
Loi..................... 83
Louage.................. 83

M

Macouas............... 83
Magistrat.............. 84
Maison de correction..... 84
Maison de santé......... 84
Mandat poste........... 84
Matériel............... 84
Médecin............... 84
Médicament........... 85
Mesurage............... 85
Mesure................. 86
Mont de-piété.......... 86
Monument historique..... 86
Mosquée................ 87
Moullah................ 87
Municipalité............ 87

N

Natarvaïkal............ 88
Numérotage............ 89

O

Officier de santé......... 89
Opium.................. 89
Ordonnateur............ 90

P

Pacage................ 90
Palais de justice......... 90
Parc colonial............ 90
Parquet général (voir frais de bureau)...........
Passage................ 91
Passager............... 91
Passe-port............. 91
Passerelle............. 91
Patente................ 91
Péage.................. 91
Pêche.................. 92
Pension................ 92
Pétitions............... 92
Pharmacie.............. 93
Physique............... 93
Pier................... 93
Place.................. 94
Plage.................. 94
Plan................... 94

Plan de campagne........ 94
Plantation.............. 96
Police.................. 97
Pompe................... 98
Ponceau................. 98
Pont.................... 98
Ponts et chaussées...... 98
Port.................... 100
Poste................... 100
Poudre.................. 101
Poursuite............... 101
Prélèvement............. 101
Prestation.............. 101
Prime................... 102
Prison.................. 102
Procès-verbaux.......... 103
Puits................... 103
Puits artésiens......... 103

Q

Quai.................... 104

R

Recettes................ 104
Receveur................ 105
Régisseur............... 105
Registre................ 105
Règlement intérieur..... 105
Regret.................. 106
Remerciement............ 106
Remises................. 106
Renouvellement triennal.. 106
Rente................... 106
Réservoir............... 107
Revendication........... 107
Riz..................... 107
Routes.................. 108
Rues.................... 109

S

Sage-femme.............. 109
Saline.................. 110
Saunier................. 110
Secours................. 110
Secrétariat............. 110
Secrétaire.............. 111
Secrétaire-archiviste... 111
Secrétaire particulier.. 111
Secrétaire-rédacteur.... 111
Sel..................... 111
Serments................ 112
Services médicaux....... 112
Situation financière.... 112
Société................. 112
Solde................... 113
Sommaire................ 114
Souscription............ 114
Spiritueux.............. 114
Square.................. 115
Subside, subvention..... 115
Succession.............. 117
Supplément.............. 117
Syndicat................ 118

T

Tabac................... 118
Tarifs.................. 119
Taxes (tarif des)....... 120
Télégraphe.............. 122
Terrain, terres......... 122
Thalavayes.............. 127
Tonnage................. 127
Traitement (voir solde)...
Transport............... 127
Travaux................. 128
Trésor, trésorier-payeur.. 128
Tribunal................ 129

U

Usine........................ 129

V

Vaccinateur.................. 129
Vaccination.................. 129
Vaccine...................... 129
Validation................... 129
Vanille...................... 129
Veilleur de nuit (voir police)........................
Vente........................ 130
Viaduc....................... 130
Vice-président............... 130
Vice-secrétaire.............. 131
Village...................... 131
Visite....................... 131
Vœu.......................... 131
Voirie....................... 131
Voiture...................... 131
Vote......................... 132

TABLE

Des procès-verbaux du Conseil colonial et du Conseil général de 1872 à 1881.

Abatage.

1872 Ses. ord. — Abatage des chiens. (Discussion relative à l') 17

Abattoir.

1879 Ses. ord. — Abattoir (construction d'un). Discussion. Vote d'une prévision 856, 862

1880 Ses. ord. — Abattoir (construction d'une conduite d'eau à l') 324, 341

1880 Ses. ord. — Abattoir (au sujet des modifications à apporter à la construction de l'). Observations 341

Achats, acquisitions.

1873 Ses. ord. — Achat d'un terrain appartenant aux héritiers de M. Godefroy destiné à l'agrandissement de l'hôpital 208

1873 Ses. ord. — Achat des terrains nécessaires à la construction d'un bangalow à Souttoukeny 228

1873 Ses. ord. — Achat des médicaments. (Observations au sujet de l'). Karikal 167

1874 Ses. ord. — Achat d'une horloge pour l'église de Mahé 57, 58

1874 Ses. ord. — Achat des livres pour la Cour 132

1874 Ses. ord. — Acquisition d'une portion de terrain pour la construction du barrage de Souttoukany 177

1876 Ses. ord. — Achat d'une maison pour l'installation des écoles gratuites à Karikal 105

1876 Ses. ord. — Acquisition d'une maison pour l'installation d'un cabinet de physique et de chimie 210

1877 Ses. ext. Achats des terrains pour l'établissement du chemin de fer (la colonie désire procéder elle-même aux). 6, 7

1877 Ses. ord. Achat des livres destinés aux tribunaux de Mahé (inscription d'un crédit pour l'). 25

1878 Ses. ord. Acquisition (au sujet du vœu du Conseil local de Chandernagor relatif à l') ou à la construction d'une maison destinée à servir d'hôtel au chef de service de cet Etablissement, proposition d'employer à cet effet une partie du fonds disponible de la succession Souprayapoullé. 75, 77

1879 Ses. ext. Acquisition d'un terrain pour la construction d'une école à la Grande-Aldée. 64

1879 Ses. ext. Achat des terrains pour l'exécution du legs Souprayapoullé. 66

1879 Ses. ord. Achat de médicaments à Mahé (augmentation de la prévision pour). 105

1879 Ses. ord. Acquisition de la maison occupée par le chef de service (au sujet du vœu du Conseil local de Chandernagor relatif à l'). 312

1879 Ses. ord. Achat de livres pour le comité de jurisprudence indienne (observations au sujet de l'). 688

1879 Ses. ord. Acquisition de la maison servant d'hôtel au chef de service de Chandernagor (au sujet de l'). Renvoi de la question à l'Administration. 1047, 1049

1880 Ses. ord. Acquisition d'une parcelle de terres nécessaires pour le forage d'un puits artésien à Ariancoupom. (Exposé des motifs concernant l'). 73

1880 Ses. ord. Achat de livres pour la bibliothèque du tribunal de Mahé (au sujet de l'augmentation de crédits demandée pour). 182

1880 Ses. ord. Achat d'une maison occupée par le chef de service de Chandernagor (rappel du vœu tendant à l'). 238

1881 Ses. ord. Acquisition d'un terrain situé à Oussoudou (pour les besoins du service. 112

Action en justice.

1873 Ses. ord. Action en justice intentée au locataire de l'ancienne magnanerie sans l'avis préalable du Conseil colonial (discussion relative à l')........ 109

1878 Ses. ord. Action en justice (autorisation d'intenter une) contre l'exécution testamentaire de Diaguemodéliar aux fins de faire entretenir, au compte de la succession, la tour de l'horloge.......... 281

1879 Ses. ord. Action (autorisation pour le domaine d'interjeter appel d'un jugement du tribunal de première instance de Karikal et de défendre à une) intentée au même service.................. 1023

1881 Ses. ord. Action en justice (autorisation de soutenir une) au nom de la colonie..... 116

Adjudications.

1879 Ses. ord. Adjudication (communication d'une pétition demandant la mise en) de l'entretien de l'horloge du grand bazar et des pendules de divers services..... 806

1881 Ses. ord. Adjudication des eaux du puits artésien d'Ariancoupom. Cahier des charges. Approbation........... 103, 104 à 107

1881 Ses. ord. Adjudication (mise en) du transport des pierrailles nécessaires pour les travaux des routes......................... 520

Agent voyer.

1873 Ses. ord. Agent voyer spécial (au sujet de la demande du fonds commun d'un)..... 80

Agriculture.

1872 Ses. ord. Agriculture (discussion relative aux avances à l')..................... 40 à 54

1872 Ses. ord. Agriculture (travaux à exécuter dans l'intérêt de l')...................... 62

1877 Ses. ord. Agriculture (remboursement des avances à l')............................ 150

1877 Ses. ord. Agriculture (remboursement des avances à l')................................ 150
1878 Ses. ord. Agriculture (vote des travaux en faveur de l') demandés par le comité du fonds commun de Karikal................ 192
1881 Ses. ord. Agriculture (au sujet de la création d'une société d')........................ 531

Aliénation.

1879 Ses. ord. Aliénation de terres domaniales à Yanaon................................ 1032
1880 Ses. ord. Aliénation d'un terrain situé à Mahé (au sujet de la demande d') faite par le sieur Ponna Cannin.............. 418
1881 Ses. ord. Aliénation d'un terrain sis à Bahour. Rejet de cette demande d'aliénation........................ 111, 112

Aliénés.

1879 Ses. ext. Aliénés (proposition de M. Tambypoullé de créer à Pondichéry un hospice des)........................ 49
1880 Ses. ord. Aliénés (construction de cabanons pour les)................................ 340
1880 Ses. ord. Aliénés. (Motion du rapporteur de la commission du budget concernant l'élévation de la subvention aux).......... 369
1881 Ses. ord. Aliénés (exposé des motifs relatif au transfert du logement des prisonniers à l'hospice des). Le Conseil repousse le transfert et maintien le *statu quo*. 623, 624

Apprentissage.

1872 Ses. ord. Apprentissage (création d'une école d') pour les jeunes gens du pays..... 8, 259
1873 Ses. ord. Apprentissage. (Ajournement du projet de création d'une école).... 189, 198

Aqueduc.

1876 Ses. ord. Aqueduc sur la route de Perroumbé. (Construction d'un)............ 223, 226

Arbres.

1873 Ses. ord. Arbres fruitiers existant dans les dépendances du domaine public (au sujet du fermage des)............. 73

1873 Ses. ord, Arbres de haute futaie (concession des terres pour plantation d')............ 237

1874 Ses. ord. Arbres fruitiers à Mahé. (Augmentation de l'impôt sur les).................. 127

1874 Ses. ord. Arbres de haute futaie (concession des terrains sablonneux destinés à des plantations d')...................... 181

Archives.

1881 Ses. ord. Archives de la Colonie (vœu de la commission du budget relatif à la réglementation du service des).......... 501

Armurier.

1881 Ses. ord, Armurier (au sujet du local affecté au logement de l')...................... 434

Arrack-patté.

1873 Ses. ord. Arrack-patté. (Recommandation pour l'application rigoureuse des arrêtés relatifs à la fabrication de l')........ 60

1876 Ses. ord. Arrack-patté à Chandernagor. (Augmen- (tation de la prévision du droit sur la fabrication de l').............. 37

Arrosage.

1873 Ses. ord. Arrosage des rues....................... 60

1873 Ses. ext. Arrosage de la ville (au sujet du service de l')......................... 22

1874 Ses. ord. Arrosage (au sujet du matériel d')..... 97

Arselar.

1872 Ses. ord. Arselar (au sujet du crédit inscrit pour le remplacement des pieux enlevés par les débordements aux digues de l')... 148

1872 Ses. ord. Arselar (au sujet de la proposition du Conseil local de Karikal tendant à l'assainissement de l'ancien lit de la rivière de l') 286, 289
1875 Ses. ord. Arselar (prolongement du mur de soutènement en aval du pont de l') 23
1876 Ses. ord. Arselar (au sujet de l'assainissement du lit de l'ancienne embouchure de l'). 96, à 100
1876 Ses. ord. Arselar (creusement du canal devant servir à l'assainissement du lit de l') 624
1878 Ses. ord. Arselar (construction de la cale en maçonnerie de l') 192
1881 Ses. ord. Arselar (discussion au sujet des travaux à exécuter dans l'). Nécessité d'acheter une drague . . . . 336 à 338
1881 Ses. ord. Arselar. Observation de la commission au sujet des travaux du Tiroumoul. . 339

Arsenal.

1878 Ses. ord. Arsenal (ajournement de la construction d'une galerie sur la façade de l') 87

Asile.

1872 Ses. ord. Asile (fondation d'un) pour les vieillards et pour les infirmes. Discours du Gouverneur 8, 259 297
1873 Ses. ord. Asile pour les vieillards (ajournement du projet de fondation d'un) 189, 198

Avances.

1872 Ses. ord. Avances à l'agriculture (discussion relative aux) . . . . 40 à 54
1873 Ses. ord. Avances à la culture (au sujet de la répartition des) 117
1877 Ses. ord. Avances à l'agriculture (remboursement des) 150
1878 Ses. ord. Avance à la culture (au sujet du vœu du Conseil local tendant à ce qu'aucune demande d') ne soit repoussée sans une raison sérieuse 182
1879 Ses. ord. Avance à la culture (au sujet du vœu du Conseil local de Yanaon tendant à l'inscription au budget d'un crédit pour) . . 134

Avancement.

1873 Ses. ord. Avancement des employés indigènes (au sujet de l') 75

Avocat.

1876 Ses. ord. Avocat (demande de promulgation des lois sur l'exercice de la profession d'). 170

Audiences foraines.

1881 Ses. ord. Audiences foraines (explication du Procureur général sur la tenue des). Ajournement de la question jusqu'à la prochaine session ; autorisation donnée à l'Administration de demander la suppression de cette institution si elle en reconnaît l'inutilité. ... 477 à 478

Bac.

1878 Ses. ord. Bac de Gondolpora. (Au sujet d'une pétition tendant à obtenir la jouissance de la ferme du)................ 95

Bail.

1873 Ses. ord. Baux à loyer passés pour les besoins du service........................ 236
1873 Ses. ord. Bail à loyer du bureau des Messageries maritimes (au sujet du).......... 194
1874 Ses. ord. Baux à loyer pour les besoins du service 176
1876 Ses. ord. Bail à loyer des terrains dépendant de la succession en déshérence du sieur Jussan.......................23, 265
1877 Ses. ord. Bail à loyer de l'ancien presbytère à Mahé........................... 36
1879 Ses. ord. Baux à loyer passés à Yanaon (approbation des).......................... 1035
1879 Ses. ord. Bail d'un pavillon pour l'école gratuite des garçons à Yanaon.............. 1036
1879 Ses. ord. Bail à loyer d'une maison destinée à servir d'hôtel au chef de service de Chandernagor. Proposition d'acquisi-

tion de cette maison ; renvoi à l'Administration............. 1046, 1047, 1049

1880 Ses. ord. Baux à loyer (exposé des motifs de la passation des) pour les besoins du service à Pondichéry et à Karikal. 68, 70

1880 Ses. ord. Bail à loyer (exposé des motifs relatif d'un) pour le loyer d'une maison affectée à l'école des filles à Yanaon.. 80

1880 Ses. ord. Bail (renouvellement du) gratuit d'un terrain à Bahour consenti à la Mission. 431

1881 Ses. ord. Bail d'une maison destinée à servir d'entrepôt des spiritueux à Chandernagor. 357

1881 Ses. ord. Bail à loyer d'une maison destinée à servir de poste à la police d'Oulgaret (approbation du)..................... 453

1881 Ses. ord. Bail à loyer du local affecté à l'hôpital et à la pharmacie à Karikal........... 621

1881 Ses. ord. Bail à loyer d'une maison affectée à l'école gratuite de garçons à Yanaon. 622

Bangalow.

1873 Ses. ord. Bangalow à Souttoukény (acquisition des terrains nécessaires à la construction d'un)............................ 228

Banque.

1872 Ses. ord. Banque (création d'une) dans l'intérêt du commerce, de l'industrie et de l'agriculture............................ 295

1875 Ses. ord. Banque de l'Indo-Chine (remercîment au Ministre à l'occasion de l'institution à Pondichéry d'une succursale de la)... 90

1879 Ses. ord. Banque de l'Indo-Chine (pétition de la). Demande ou la suppression du Mont-de-Piété ou l'augmentation du taux de l'intérêt qu'il perçoit. Discussion, suppression conditionnelle..... 1018 à 1124

Barrages.

1872 Ses. ord. Barrage en maçonnerie (communication d'une dépêche ministérielle transmettant diverses observations du conseil des travaux de la marine au sujet du

projet de construction d'un) dans le lit de la rivière de Gingy à l'effet d'alimenter le grand étang d'Oussoudou par le canal de Souttoukény....... 335

1873 Ses. ord. Barrage de Souttoukény (au sujet de la réparation du)...................... 78

1873 Ses. ord. Barrage de Souttoukény (au sujet du)...................... 201, 202, 225

1874 Ses. ord. Barrage de Souttoukény (discussion relative à la réparation à faire au).. 15 à 16

1874 Ses. ord. Barrage de Souttoukény (motion de M. Ponnoutambypoullé relative au).... 66

1874 Ses. ord. Barrage de Souttoukény (réplique du chef de service des ponts et chaussées au mémoire de Ponnoutambypoullé relatif au)........................ 70

1874 Ses. ord. Barrage de Souttoukény (motion concernant la nomination dans le sein du Conseil d'une commission à l'effet de vérifier la valeur des assertions de M. Ponnoutambypoullé relative au)... 79

1874 Ses. ord. Barrage de Souttoukény (prélèvement sur la caisse de réserve de la somme destinée aux travaux du)........... 173

1874 Ses. ord. Barrage de Souttoukény (acquisition d'une portion de terrain pour la construction du)...................... 177

1875 Ses. ord. Barrage de Poulléarcoupom. Construction d'un bâtardeau provisoire...... 85

1876 Ses. ord. Barrage à vannes automatiques de Poulléarcoupom (construction du)....... 203

1877 Ses. ord. Barrage du Sittérivaïkal (crédit pour réparations du)...................... 178

1878 Ses. ord. Barrage à vannes automatiques de Poulléarcoupom (construction du)....... 289

1879 Ses. ext. Barrage de Poulléarcoupom (au sujet de la construction du).......... 36, 42

1879 Ses. ord. Barrage à vannes automatiques de Poulléarcoupom (construction du)....... 870

1880 Ses. ord. Barrage de Poulléarcoupom (au sujet du). Autorisation d'un prélèvement sur la caisse de réserve.............. 345

Bâtardeau.

1875 Ses. ord. Bâtardeau provisoire (construction d'un). Barrage de Poulléarcoupom........ 85

Bazar.

1879 Ses. ord. Bazar à Chandernagor (création d'un) sous l'appellation de bazar de Chock. 997

1880 Ses. ord. Bazar à Chandernagor (construction d'un)................................ 81

Béchecars.

1881 Ses. ord. Béchecars à Karikal (rapport de la commission tendant à la suppression des emplois de). Discussion, adoption d'un amendement de M. H. de Rozario.......................... 292 à 296

Bétel.

1874 Ses. ord. Bétel (adoption du vœu du Conseil local tendant à rendre obligatoire l'obtention de la licence pour la culture du). 127

1877 Ses. ord. Bétel à Karikal (proposition de réduction du droit sur le)................ 17, 19

1881 Ses. ord. Bétel (projet de délibération sur l'assiette et le mode de perception du droit sur le) à Karikal et à Pondichéry.......................... 133, 134

1881 Ses. ord. Bétel (exposé des motifs relatif aux modifications à apporter dans l'assiette et le mode de perception du droit sur le) à Pondichéry et à Karikal. Rapport de la commission, observation du Directeur de l'intérieur et adoption des propositions de la commission. Projet de décret. Discussion, adoption dudit décret modifié par la commission.......... 148, 150, 151, 152 à 155

1881 Ses. ord. Bétel (rapport de la commission sur le droit à l'introduction du) à Karikal.. 182

1881 Ses. ord. Bétel (discussion au sujet de la prévision du droit de licences à la culture du) à Karikal................................ 182

1881 Ses. ord. Bétel (proposition de la commission tendant à la suppression de l'emploi de vérificateur du) à Karikal. Maintien de cet emploi........................ 297

Bibliothèque.

1872 Ses. ord. Bibliothèque publique. (La commission d'instruction publique sera chargée de donner son avis sur les ouvrages à acheter par la)................. 242

1872 Ses. ord. Bibliothèque (proposition de faire cataloguer les ouvrages de la............ 241

1073 Ses. ord. Bibliothèque publique (au sujet de la)... 188

1874 Ses Ext. Bibliothèque publique (vote d'un crédit pour l'impression du catalogue des ouvrages de la)...................... 25

1878 ses. ord. Bibliothèque (création d'une) pour le service des ponts et chaussées de Karikal............................ 194

1879 Ses. ord. Bibliothèque (au sujet du cautionnement à verser par l'écrivain de la)........ 788

Bois.

1872 Ses. ord. Bois d'élagage (discussion relative au produit de la vente des).......... 35, 38

1872 Ses. ord. Bois de construction (dépôt des)... 34, 314

1873 Ses. ord. Bois (autorisation d'intenter des poursuites contre les anciens détenteurs du chantier aux)................. 241

1876 Ses. ord. Bois (création de deux nouvelles mesures de longueur pour les marchands de).................................. 116

1878 Ses. ord. Bois (continuation du mur de revêtement du chantier des) à Karikal..... 192

1881 Bois (maintien au chiffre de 1881 du prix de la location du chantier aux).. 255

Botaniste agriculteur.

1872 Ses. ord. Botaniste agriculteur (vœu de M. Hecquet tendant à appeler le) à se pro-

noncer sur la nature des terrains destinés aux plantations.............. 253

1873 Ses. ord. Botaniste agriculteur (proposition d'adjoindre une commission au)........ 223

1873 Ses. ord. Botaniste agriculteur (au sujet du vœu du Conseil local tendant à confier au) le jardin du square Dupleix.......... 196

Bourses, Boursiers.

1878 Ses. ord. Bourses au collège colonial (observation au sujet d'une pétition tendant à augmenter l'allocation payée à titre de) afin d'en créer de nouvelles uniquement aux jeunes indigènes.......... 265

1878 Ses. ord. Bourses dans les collèges en France (au sujet de la condition d'âge fixée pour les jeunes gens qui sollicitent des)................................ 267

1879 Ses. ord. Bourses (observations au sujet de la concession des) dans les écoles de la métropole en faveur des jeunes Lescure et Sirot.......................... 811

1881 Ses. ord. Bourses réservées au collège colonial (proposition de supprimer au budget de Yanaon les)...................... 74

Brâmes.

1881 Ses. ord. Brâmes pour la réception des serments à la justice de paix de Karikal (création d'un emploi de)............... 278

1881 Brâme (discussion relative à la suppression des emplois de) et de moullah chargés de la prestation des serments. Renvoi de cette question à la prochaine session.................. 460 463

Bûchers.

1873 Ses. ord. Bûchers de trois districts (au sujet du déplacement de quelques-uns des)... 235

1874 Ses. ord. Bûcher de Modéliarpette (proposition d'établir le) sur la propriété du sieur Sadassivapatter)....................... 178

1877 Ses. ord. Bûcher de Tamijars à Karikal (observation au sujet de l'entretien du)... 60 85

1878 Ses. ord. Bûcher de Tamijars (à Karikal (vœu relatif à l'inscription d'une prévision pour l'entretien du)................ 196

Budgets.

1872 Ses. ord. Budget du service municipal..... 13 à 17

1872 Ses. ord. Budget des dépenses et des recettes d'un même Établissement (observations relatives aux divisions multiples du)................................ 116

1872 Ses. ord. Budget des recettes du service local de Pondichéry..................... 80 à 81

1872 Ses. ord. Budget des recettes du service local de Chandernagor.................. 82 à 92

Budget des recettes du service local de Karikal........................ 93 à 100

Budget des recettes du service local de Mahé........................... 100 à 103

Budget des recettes du service local de Yanaon......................... 104 à 110

1872 Ses. ord. Budget des recettes du service municipal à Chandernagor................ 110

Budget des dépenses du service municipal de Chandernagor.............. 111

Budgets municipaux de la commune de Karikal........................... 113

Budget du service du fonds commun des trois maganoms de Karikal..... 113

Budget du fonds commun des aldées de Mahé............................ 114

1872 Ses. ord. Budget du fonds commun de la ville de Yanaon......................... 115

Budget des dépenses de Chandernagor................. 118 124 à 130

Budget des dépendes de Karikal. 130, 139 à.......................... 155

Budget des dépenses de Mahé... 156 à 165

Budget des dépenses de Yanaon. 165 à 171

1872 Ses. ord. Budget des dépenses de Pondichéry. 173 187

1873 Ses. ord. Budget des recettes du service municipal de Chandernagor 1874......... 28

1873 Ses. ord.	Budget des recettes locales de Chandernagor 1874	31
	Budget des recettes locales de Karikal 1874	35
	Budget des recettes locales de Mahé 1874	41
	Budget des recettes locales de Yanaon 1874	44
1873 Ses. ord.	Budget des dépenses du service municipal de Chandernagor	49
	Budget des dépenses du service municipal de Karikal	53
	Budget des recettes du service municipal de Karikal	52
1873 Ses. ord.	Budget des recettes du fonds commun et du service municipal de la ville et des aldées de Mahé	54
1873 Ses. ord.	Budget des dépenses du fonds commun et du service municipal de la ville et des aldées de Mahé	54
1873 Ses. ord.	Budget des recettes du fonds commun et du service municipal de la ville et des aldées de Yanaon	55
1873 Ses. ord.	Budget des dépenses du fonds commun et du service municipal de la ville et des aldées de Yanaon	55
1873 Ses. ord.	Budget du fonds commun de trois maganoms de Karikal	57
1873 Ses. ord.	Budget du service municipal à Pondichéry	58
1873 Ses. ord.	Budget des recettes du fonds commun (Pondichéry)	72
1873 Ses. ord.	Budget des dépenses du fonds commun (Pondichéry)	77
1873 Ses. ord.	Budget des dépenses du service local de Pondichéry 1874	160
1873 Ses. ord.	Budget des dépenses du service local de Karikal 1874	146
1873 Ses. ord.	Budget des dépenses du service local de Chandernagor	123
1873 Ses. ord.	Budget des dépenses du service local de Mahé	140
1873 Ses. ord.	Budget des dépenses du service local de Yanaon	133

1873 Ses. ord. Budgets (économie à apporter dans le vote des)........ 152

1873 Ses. ord. Budget (mode de discussion du)..... 220

1874 Ses. ord. Budget des recettes du service municipal de Chandernagor........ 18

1874 Ses. ord. Budget des dépenses du service municipal de Chandernagor........ 19

1874 Ses. ord. Budget des recettes du service local de Chandernagor........ 21 à 26

1874 Ses. ord. Budget des dépenses du service local de Chandernagor........ 26 à 30

1874 Ses. ord. Budget du fonds commun de Karikal... 35

1874 Ses. ord. Budget du service municipal de Karikal.. 36

1874 Ses. ord. Budget du service local de Karikal (recettes)........ 37

1874 Ses. ord. Budget du service local de Karikal (dépenses)........ 43, 55

1874 Ses. ord. Budget du fonds commun de Mahé.... 57

1874 Ses. ord. Budget du fonds commun de Mahé (recettes)........ 58

1874 Ses. ord. Budget du fonds commun de Mahé (dépenses)........ 59

1874 Ses. ord. Budget du fonds commun de Yanaon (recettes)........ 61

1874 Ses. ord. Budget du fonds commun de Yanaon (dépenses)........ 62

1874 Ses. ord. Budget du fonds commun de Yanaon. 65, 66

1874 Ses. ord. Budget du service municipal de Pondichéry........ 98

1874 Ses. odr. Budget du fonds commun des districts de Pondichéry (recettes)........ 100

1874 Ses. ord. Budget du fonds commun des districts de Pondichéry (dépenses)........ 103

1874 Ses. ord. Budget des recettes du service local de Pondichéry (exposé des motifs, rapport)........ 105, 116

1874 Ses. ord. Budget des dépenses du service local de Pondichéry........ 105, 116

1875 Ses. ord. Budget du service municipal de Karikal (recettes, dépenses)............... 12, 13
1875 Ses. ord. Budget du fonds commun de Karikal (recettes, dépenses).............. 13, 14
1875 Ses. ord. Budget des recettes du service local de Karikal.............................. 15
1875 Ses. ord. Budget des dépenses du service local de Karikal.............................. 20
1875 Ses. ord. Budget du fonds commun de Yanaon.. 30
1875 Ses. ord. Budget local de Yanaon (recettes).... 31
1875 Ses. ord. Budget local de Yanaon (dépenses).... 32
1875 Ses. ord. Budget du fonds commun de Mahé.... 35
1875 Ses. ord. Budget local de Mahé (recettes)....... 36
1875 Ses. ord. Budget local de Mahé (dépenses)..... 37
1875 Ses. ord. Budget local de Pondichéry (recettes). 43
1875 Ses. ord. Budget local de Pondichéry (dépenses)...........52, 53, 58, 67, 71, 90, 106
1875 Ses. ord. Budget du service municipal de Pondichéry.............................. 112
1875 Ses. ord. Budget du fonds commun des districts de Pondichéry.................... 113
1875 Ses. ord. Budget du service municipal de Chandernagor (recettes)................. 116
1875 Ses. ord. Budget du service municipal de Chandernagor (dépenses)............... 121
1875 Ses. ord. Budget du service local de Chandernagor (recettes)........................ 125
1875 Ses. ord. Budget du service local de Chandernagor (dépenses)....................... 128
1876 Ses. ord. Budget des recettes du service local de Mahé.................................. 10
1876 Ses. ord. Budget des dépenses du service local de Mahé.............................. 11
1876 Ses. ord. Budget du fonds commun de Mahé.... 17
1876 Ses. ord. Budget des recettes du service local de Yanaon.............................. 30

1876 Budget des dépenses du service local de
Ses. ord. Yanaon........................ 31
1876 Budget du fonds commun de Yanaon... 34
Ses. ord.
1876 Budget des dépenses du service local de
Ses. ord. Chandernagor.................. 40
1876 Budget des recettes du service local de
Ses. ord. Chandernagor.................. 36
1876 Budget municipal de Chandernagor (re-
Ses. ord. cettes)....................... 56
1876 Budget municipal de Chandernagor (dé-
Ses. ord. penses)....................... 57
1876 Budget du service municipal de Karikal
Ses. ord. (recettes).................... 100
1876 Budget du service municipal de Karikal
Ses. ord. (dépenses).................... 102
1876 Budget du service local de Karikal (re-
Ses. ord. cettes)....................... 70
1876 Budget du service local de Karikal (dé-
Ses. ord. penses)....................... 77
1876 Budget du fonds commun de Karikal
Ses. ord. (recettes, dépenses)........... 102, 103
1876 Budget des recettes du service local de
Ses. ord. Pondichéry.................... 119
1876 Budget des dépenses du service local de
Ses. ord. Pondichéry............ 125, 141, 169
1876 Budget municiapal de Pondichéry..... 215
Ses. ord.
1876 Budget du fonds commun des districts
Ses. ord. de Pondichéry................. 217
1877 Budget des recettes du service local de
Ses. ord. Mahé.......................... 21
1877 Budget des dépenses du service local
Seo. ord. de Mahé....................... 22
1877 Budget du fonds commun de Mahé..... 32
Ses. ord.
1877 Budget du service local de Karikal (re-
Ses. ord. cettes)....................... 36
1877 Budget du service local de Karikal (dé-
Ses. ord. penses)............... 43, 51, 80
1877 Budget municipal de Karikal........ 84
Ses. ord.
1877 Budget du fonds commun de Karikal.. 85
Ses. ord.

1877 Ses. ord. Budget des recettes du service local de Yanaon........................ 87
1877 Ses. ord. Budget des dépenses du service local de Yanaon........................ 89
1877 Ses. ord. Budget du fonds commun de Yanaon.. 93
1877 Ses. ord. Budget des recettes du service local de Chandernagor.................... 97
1877 Ses. ord. Budget des dépenses du service local de Chandernagor.................. 99, 109
1877 Ses. ord. Budget du service municipal de Chandernagor (recettes, dépenses).. 141, 142
1877 Ses. ord. Budget des recettes du service local de Pondichéry.......................... 145
1877 Ses. ord. Budget des dépenses du service local de Pondichéry.................. 151, 154
1877 Ses. ord. Budgets des dépenses et des recettes des Etablissements secondaires (comparaisons des).................... 175
1877 Ses. ord. Budget du fonds commun de Pondichéry............................ 189
1877 Ses. ord. Budget municipal de Pondichéry..... 189
1878 Ses. ord. Budget des recettes du service local de Yanaon...................... 23
1878 Ses. ord. Budget des dépenses du service local de Yanaon........................ 28
1878 Ses. ord. Budget du fonds de Yanaon (recettes).. 44
1878 Ses. ord. Budget du fonds de Yanaon (dépenses). 45
1878 Ses. ord. Budget des dépenses du service local de Mahé........................... 57
1878 Ses. ord. Budget des recettes du service local de Mahé.............................. 52
1878 Ses. ord. Budget des recettes du service local de Chandernagor.................... 72
1878 Ses. ord. Budget des dépenses du service local de Chandernagor.................... 74
1878 Ses. ord. Budget du service municipal de Chandernagor (recettes)................ 88
1878 Ses. ord. Budget du service municipal de Chandernagor (dépenses)............... 89

1878 Ses. ord. Budget des recettes du service local de Karikal........................ 100
1878 Ses. ord. Budget des dépenses du service local de Karikal.................... 116, 122
1878 Ses. ord. Budget du fonds commun des trois maganons de Karikal.............. 149
1878 Ses. ord. Budget des recettes du service local de Pondichéry................. 162, 176
1878 Ses. ord. Budget des dépenses du service local de Pondichéry............... 223, 240
1878 Ses. ord. Budget municipal de Pondichéry.. 301, 302
1878 Ses. ord. Budget du fonds commun de la ville et des districts de Pondichéry. 302, 303, 304
1879 Ses. ext. Budget de 1880 (vœu de M. Bayol tendant à prier l'Administration d'apporter l'économie la plus rigoureuse dans la présentation des).......... 161
1879 Ses. ord. Budgets (rapport de la commission des)........................ 72 à 81
1879 Ses. ord. Budget de 1880 (exposé des motifs relatif aux projets des)............ 73 à 81
1879 Ses. ord. Budget des recettes du service local de Mahé.......................... 85 à 91
1879 Ses. ord. Budget des dépenses du service local de Mahé...................... 91 à 112
1879 Ses. ord. Budget des recettes du service local de Yanaon.................... 128 à 136
1879 Ses. ord. Budget des dépenses du service local de Yanaon........................ 136
1879 Ses. ord. Budget de l'instruction publique (la délibération du) échappe à la compétence du Conseil général.......... 139
1879 Ses. ord. Budget des recettes du service local de Karikal..................... 180 à 190
1879 Ses. ord. Budget des dépenses du service local de Karikal............... 190, 223 à 230
1879 Ses. ord. Budget des recettes du service local de Chandernagor................ 297 à 310
1879 Ses. ord. Budget des dépenses du service local de Chandernagor............ 311 à 318
1879 Ses. ord. Budgets municipaux (rapport de la commission chargée de la préparation des projets des)........................ 358

1879 Ses. ord.	Budget des recettes du service local de Pondichéry. Exposé des motifs. Discussion.... 538,	545
1879 Ses. ord.	Budget des dépenses du service local de Pondichéry. Exposé des motifs. Discussion...... 637. 650, 669, 734,	766
1879 Ses. ord.	Budgets du chef-lieu et des dépendances (alignement des)...................	877
1879 Ses. ord.	Budget du service municipal de la ville de Pondichéry pour l'année 1880.—Exposé des motifs. Rapport.— Recettes.— Dépenses. 937, 941, 943,	949
1879 Ses. ord.	Budget du fonds commun de trois districts (exposé des motifs). Rapport. — Examen du budget des recettes et dépenses......... 949, 950, 953, 954	962
1879 Ses. ord.	Budget du service du fonds commun de trois maganons pour l'année 1880.— Recettes.— Dépenses.............	981
1879 Ses. ord.	Budget des recettes du service municipal de Karikal..................	981
	Budget des dépenses du service municipal de Karikal..................	982
	Budget du fonds commun de Mahé. Recettes. Dépenses.......... 984,	985
	Budget du fonds commun de Yanaon. Recettes. Dépenses........... 986,	989
	Budget du service municipal de Chandernagor. Recettes. Dépenses... 991,	995
1880 Ses. ord.	Budgets municipaux (au sujet des délégations faites aux). Exposé des motifs. Rapport de la commission. 29, 36, 41,	44
1880	Budget du fonds commun de Pondichéry. Ouverture d'un crédit supplémentaire de 5,000 fr. afin de réparer les dégâts occasionnés par l'ouragan du 21 novembre dernier.............	54
	Budget de 1881 (exposé des motifs du).	110
	Budgets locaux (rapport de la commission des)..........................	132
	Budget des recettes du service local de Yanaon..........................	154
	Budget des dépenses du service local de Yanaon..........................	162

1880. Budget des recettes du service local de Mahé........................ 175
Budget des dépenses du service local de Mahé........................ 180
Budget des recettes du service local de Karikal........................ 191
Budget des dépenses du service local de Karikal........................ 199
Budget des recettes du service local de Chandernagor........................ 228
Budget des dépenses du service local de Chandernagor........................ 237
Budget des recettes du service local de Pondichéry........................ 254
Budget des dépenses du service local de Pondichéry........ 267, 301, 372
Budgets de Pondichéry et de Chandernagor (réductions dans les prévisions des)........ 343, 344
Budgets (conclusion de la commission des). Situation financière. Vœu au sujet de la rente de l'Inde........ 350 à 366
1881 Budget de 1882 (exposé des motifs du).
Ses. ord. Rapport de la commission........ 26, 52
Budget des dépenses (adoption de la modification proposée par la commission au cadre du)........................ 56
1881 Budget (adoption de la modification pro-
Ses. ord. posée au cadre du)........ 53 à 58
Budget des recettes de Yanaon........ 58
Budget des dépenses de Yanaon........ 71
Budget des recettes de Karikal........ 179
Budget des recettes de Mahé........ 191
Budget des recettes de Chandernagor.. 210
Budget des dépenses de Mahé........ 197
Budget des recettes de Pondichéry. 227, 249
Budget des dépenses de Karikal.. 263, 300
Budget des dépenses de Chandernagor. 316
Budget des dépenses de Pondichéry........ 438, 459, 487
Budgets de Yanaon, Mahé, Chandernagor et Karikal (alignement des). 596, 598
Budget de Pondichéry (discussion au sujet de l'alignement du)...... 599 à 620

Bulletin.

1879 Ses. ord. Bulletin déposé après la clôture du scrutin (incident à l'occasion d'un) pour l'élection du président du Conseil... 13

Bulletin des actes administratifs.

1879 Ses. ord. Bulletin des actes administratifs de la colonie (proposition d'adresser un exemplaire du) à chacun des conseillers généraux.................. 583

Cadastre.

1872 Sés. ord. Cadastre à Karikal (discussion relative au vœu du Conseil local tendant à établir un)............ 13, 286, 316, 328

1873 Sés. ord. Cadastre à Karikal (proposition du chef de service de Karikal de procéder à la révision du)...................... 18

1874 Ses. ord. Cadastre à Yanaon (au sujet du)...... 64

1875 Ses. ord. Cadastre à Karikal (au sujet du vœu du Conseil local relatif à l'établissement du)........................ 15 à 18

1875 Ses, ord. Cadastre à Pondichéry (au sujet du)... 44

1877 Ses. ord. Cadastre parcellaire à Karikal (au sujet de l'établissement d'un)............ 82

1878 Ses. ord. Cadastre à Karikal (ajournement de la question du).......................... 99

1879 Ses. ord. Cadastre à Chandernagor (observation au sujet du retard dans la confection du)........................ 319, 345

1881 Ses. ord. Cadastre de Chandernagor (observation au sujet du)...................... 327

1881 Ses. ord. Cadastre à Chandernagor (discussion au sujet des travaux du)............ 344

Cahier des charges.

1873 Ses. ord. Cahier des charges pour les travaux à l'entreprise (au sujet des)......... 198

1879 Ses. ord. Cahier des charges de la location pour neuf ans de divers terrains domaniaux

(exposé des motifs d'une modification proposée au)................... 119
1880 Ses. ord. Cahier des charges relatif à la ferme des terres domaniales à Yanaon (observation au sujet du).................... 63
1881 Ses. ord. Cahier des charges pour l'adjudication des eaux perdues du puits artésien d'Ariancoupom...................... 104
1881 Ses. ord. Cahier des charges de la location d'un immeuble appartenant à la colonie... 355

Caisse.

1879 Ses. ext. Caisses communes (au sujet des). Proposition de les maintenir........... 130

Caisse d'épargne.

1880 Ses. ord. Caisse d'épargne (vœu de M. Tambypoullé au sujet de l'établissement d'une) dans la colonie.............. 439
1881 Ses. ord. Caisse d'épargne postale (projet d'institution d'une). Ajournement de la création de cette caisse....... 113, 115

Caisse des invalides.

1879 Ses. ord. Caisse des invalides (vœu relatif au règlement sur la)................ 1,127,1130
1880 Ses. ord. Caisse des invalides (dépêche ministérielle au sujet du vœu relatif au règlement sur la).................. 24

Caisse de réserve.

1874 Ses. ord. Caisse de réserve (prélèvement sur la) de la subvention à payer à la Métropole à titre de remboursement pour la quote-part de la colonie dans les frais généraux d'hôpital........................ 173
1876 Ses. ord. Caisse de réserve (prélèvement sur la) d'une somme de 15,000 fr. pour accorder des secours à l'occasion de la disette................................ 623
1879 Ses. ord. Caisse de réserve (vote d'une subvention de 30,000 fr. à prélever sur la)

pour l'hospice-hôpital de Chandernagor.......................1055
1880 Ses. ord. Caisse de réserve (prélèvement sur la) de 5,000 fr. nécessaires aux réparations des dégâts occasionnés par le coup de vent du 21 novembre à Pondichéry et à Karikal.................. 52

Caisse de secours.

1876 Ses. ord. Caisse de secours mutuels au profit des macouas (organisation d'une). 605 à 611
1879 Ses. ord. Caisse de secours mutuels des macouas (explications sur l'institution de la). Proposition de réduire de moitié la taxe en faveur de cette caisse. Rejet............ 527 à 533

Callou.

1872 Ses. ord. Callou (discussion relative au droit de licence pour le débit du). Rejet du vœu du Conseil local tendant à l'abrogation de la mise en adjudication publique du déplacement des licences pour le débit du callou à Pondichéry et à Karikal.................. 22 à 27
1873 Ses. ord. Callou (au sujet des licences pour le débit (du........................ 93, 101
1875 Ses. ord. Callou à Karikal (au sujet de la vente du). Nouveau mode de délivrance des patentes.......................... 6
1878 Ses. ord. Callou (au sujet du droit sur les cocotiers exploités en)............ 8 à 16
1878 Ses. ord. Callou (au sujet du droit de licences pour le débit du).............. 8 à 16
1878 Ses. ord. Callou (au sujet de la prévision inscrite pour droit sur les cocotiers exploités en) à Karikal........................ 101
1880 Ses. ord. Callou (au sujet du droit sur les cocotiers exploités en)................ 258

Canaux.

1872 Ses. ord. Canal d'Oupar (assainissement du) et des terrains marécageux environnant la ville. Discours du Gouverneur....... 8

1872 Ses. ord. Canal de Mollcodé, dépendance de Bahour (échange des terrains à l'occasion du creusement du nouveau)..... 281

1874 Ses. ord. Canal de décharge dans le quartier nord de la ville (au sujet de la création d'un deuxième)........................ 90

1876 Ses. ord. Canal de Souttoukany (rapport sur les irrigations par le) et le grand étang d'Oussoudou........................ 192

1876 Ses. ord. Canal de Souttoukany (élargissement du). Travail voté à l'occasion de la disette........................ 622

1876 Ses. ord. Canal de Bangaryaïkal (curage du). Travail voté à l'occasion de la disette..... 622

1876 Ses. ord. Canal devant servir à l'assainissement du lit de l'Arselar (creusement du)... 624

1877 Ses. ord. Canaux d'irrigation (travaux à exécuter aux)........................ 189

1879 Ses. ord. Canal de Pambéar (demande de renseignement au sujet du)............ 875

1880 Ses. ord. Canaux de Pambéar et de Vidour (motion de M. Channemougame sur le creusement des). Renvoi de la question à l'année prochaine.............334, 358

1881 Ses. ord. Canaux d'irrigation (motion de M. Gaudart relative au classement des). Adoption........................ 398, 402

1881 Ses. ord. Canaux d'irrigation de Karikal (discussion au sujet du classement des). Motion de M. Gaudart. Maintien du *statu quo*................ 403, 407, 408

1881 Ses. ord. Canal (au sujet de la pétition du sieur Rassarattinom, concessionnaire, tendant à être autorisé à créer un) destiné à alimenter l'étang de Mourounga-pacom........................ 570

Caniveaux.

1873 Ses. ord. Caniveaux (au sujet du nivellement des)........................ 60, 195

1875 Ses. ord. Caniveaux dans la ville noire (demande de construction de)................ 86

Cantonniers.

1872 Ses. ord. Cantonniers à Karikal (rétablissement de six)........................ 151
1873 Ses. ord. Cantonniers de Karikal (rétablissement de six)........................ 161

Caserne.

1881 Ses. ord. Caserne à Chandernagor (discussion au sujet des travaux de la)............ 342

Catalogue.

1872 Ses. ord. Catalogue des ouvrages de la bibliothèque (proposition de faire confectionner le)........................ 241
1874 Ses. ext. Catalogue des ouvrages de la bibliothèque publique (vote d'un crédit pour l'impression du).................. 25
1880 Ses. ord. Catalogue des ouvrages de la bibliothèque publique (vœu de Tambypoullé relatif à l'impression et à la publication d'un)........................ 438

Cautionnement.

1879 Ses. ord. Cautionnement (au sujet du) à verser par l'écrivain de la bibliothèque.... 788

Certificats d'origine.

1872 Ses. ord. Certificats d'origine (vœu de M. le conseiller Hecquet relatif à la révision du règlement sur les)................ 28
1877 Ses. ord. Certificat d'origine délivré pour les tissus de l'Inde (au sujet de la prévision du droit sur les)..............11 à 15
1877 Ses. ord. Certificat d'origine sur la toile de l'Inde française (augmentation de la prévision du droit sur les)...........146, 149
1878 Ses. ord. Certificat d'origine sur les toileries de l'Inde française exportées (au sujet du droit de)........................ 170
1878 Ses. ord. Certificat d'origine (au sujet du droit de) sur les huiles et produits récoltés français.............................. 174

1878 Ses. ord. Certificat d'origine (au sujet du droit de) sur les produits de toutes espèces fabriqués dans la colonie............. 178
1879 Ses. ord. Certificat d'origine nationale (vœu tendant à donner aux produits de Mahé le bénéfice attaché au)........... 1130
1880 Ses. ord. Certificat d'origine sur les toileries de l'Inde (au sujet de la prévision des recettes provenant du droit de)....... 261

Chambre de commerce.

1872 Ses. ord. Chambre de commerce à Pondichéry (rétablissement d'une).............. 294
1879 Ses. ord. Chambre de commerce (au sujet du droit sur les chelingues au profit de la). Discussion. Adoption de la proposition de l'Administration.......527 à 533, 562
1879 Ses. ord. Chambre de commerce (au sujet de la dotation spéciale à la)............. 794

Chantier.

1873 Ses. ord. Chantier aux bois (autorisation d'intenter des poursuites contre les anciens d'étenteurs du).................... 241
1878 Ses. ord. Chantier aux bois à Karikal (continuation du mur de revêtement du)...... 192
1881 Ses. ord. Chantier aux bois (maintien au chiffre de 1881 du prix de la location du)... 600

Charrettes.

1873 Ses. ord. Charrettes de la petite voirie à Karikal (augmentation du nombre de)....... 52
1874 Ses. ord. Charrettes à Karikal (ajournement du vote de l'impôt sur les)............. 40

Chaudrie.

1881 Ses. ord. Chaudrie de la commune de Bahour (renvoi à la prochaine session de la question relative à la)........ 409 à 412

Chefs de service.

1878 Ses. ord. Chefs de service des Etablissements secondaires (proposition de classer

aux dépenses facultatives les dépenses du personnel des secrétariats des). 29 à 34
1878 Ses. ord. Chef de service de Chandernagor (au sujet du vœu du Conseil local de Chandernagor relatif à l'acquisition ou la construction d'une maison destinée à servir d'hôtel au). Proposition d'employer à cet effet une partie des fonds disponibles de la succession Souprayapoullé.......................... 75, 77
1879 Ses. ord. Chef de service de Chandernagor (au sujet de l'augmentation du traitement du chef de secrétariat du).......... 311
1879 Ses. ord. Chef de service (au sujet du vœu du Conseil local de Chandernagor relatif à l'acquisition de la maison occupée par le)............................ 312
1879 Ses. ord. Chef de service de Chandernagor (bail à loyer d'une maison destinée à servir d'hôtel au). Proposition d'acquisition de cette maison. Renvoi de la question à l'Administration......... 1,047, 1,049
1880 Ses. ord. Chef de service de Chandernagor (création d'un emploi de chef de secrétariat du)................................ 237
1880 Ses. ord. Chef de service de Chandernagor (rappel du vœu tendant à l'achat de la maison occupée par le)............ 238
1881 Ses. ord. Chef de service de Chandernagor (fixation de la solde du chef de secrétariat du) à 4,000 francs............ 317

Chelingues.

1877 Ses. ext. Chelingues à Karikal (création d'un droit de quai sur les).................. 16
1879 Chelingues (au sujet du droit sur les) au profit de la Chambre de commerce. Discussion. Adoption de la proposition de l'Administration......... 533, 562

Chemins.

1872 Ses. ord. Chemins vicinaux (échanges des terrains pour le redressement de) par le service du fonds commun des districts...... 282

1873 Ses. ord. Chemin d'Hattecolla (au sujet de la construction du mur de soutènement du)........................ 47, 50

1875 Ses. ord. Chemins vicinaux (proposition de fixer la législation sur les)................ 116

1875 Ses. ord. Chemins vicinaux à Chandernagor (nécessité de procéder au classement des)........................ 123

1876 Ses. ord. Chemins vicinaux (observations au sujet des)........................ 228 à 230

1876 Ses. ord. Chemins vicinaux de Pouléarcoupom et de Bahour à Caniacovil (discussion au sujet de l'échange des terres comprises dans les)............... 231 à 236

1879 Ses. ord. Chemins vicinaux de Villenour à Bahour, de Corcadou, de Péroumgalour, de Sembiapalcom et de Kijassatamangalom (au sujet de la régularisation de la rentrée au domaine de quelques parcelles des terres nécessaires pour l'ouverture des). Discussion. Indemnité en nature. Solution donnée à l'échange............ 1006 à 1016, 1030

1881 Ses. ord. Chemins vicinaux (les) sont compris dans la dotation communale........ 434

Chemin de fer.

1872 Ses. ord. Chemin de fer de Pondichéry........ 330

1873. Ses. ord. Chemin de fer de Pondichéry (communication d'une dépêche ministérielle au sujet de la question du)........ 21, 185

1873 Ses. ord. Chemin de fer de Pondichéry (communication d'un télégramme du Ministre relatif au)........................ 22

1873. Ses. ord. Chemin de fer de Pondichéry (communication d'une lettre de M. Betts au sujet du)........................ 86

1874 Ses. ext. Chemin de fer de Pondichéry (délibération au sujet de la construction du)........................ 1 à 19

1875 Ses. ord. Chemin de fer de Pondichéry (envoi d'un télégramme au Ministre pour le prier de hâter la solution de la question du).. 29

1877 Ses. ext. Chemin de fer (la colonie désire procéder elle-même aux achats de terrains pour l'établissement du)... 6, 7
1877 Ses. ext. Chemin de fer (emprunt de la somme de 1,900,000 fr. pour la construction du). Exposé des motifs...... 4, 6, 7
1878 Ses. ord. Chemin de fer (au sujet de la contribution foncière payée par la compagnie du)........................... 164
1879 Ses. ext. Chemin de fer (communication d'une dépêche ministérielle relative au) et au prolongement du pier.......... 162
1879 Ses. ord. Chemin de fer (ouverture d'un crédit supplémentaire pour les dépenses de la fête d'inauguration du)............ 41
1879 Ses. ord. Chemin de fer (exposé des motifs d'une demande d'ouverture de crédit supplémentaire pour les travaux du). 524, 937
1879 Ses. ord. Chemin de fer (au sujet de la création d'un bureau de douane à la gare du). Projet d'arrêté............... 566, 1001
1879 Ses. ord. Chemin de fer (projet de création d'un) reliant Karikal au réseau anglais... 1026
1881 Ses. ord. Chemin de fer de Karikal (vœu de M. Samyodéar relatif au). Réponse du Directeur de l'intérieur........ 505, 507

Chiens.

1872 Ses. ord. Chiens (discussion relative à l'abatage des)................................ 17
1873 Ses. ord. Chiens mis en fourrière (prévision pour la nourriture des)..................... 59
1873 Ses. ord. Chiens errants (réduction de la prime pour la capture des)............... 60
1881 Ses. ord. Chiens (ajournement de la taxe sur les) à Mahé.............................. 365

Chimie.

1872 Ses. ext. Chimie (création d'un laboratoire de) au collège colonial................. 304
1876 Ses. ord. Chimie (acquisition d'une maison pour l'installation d'un cabinet de physique et de)................................ 210

Cimetière.

1873 Ses. ord. Cimetière des blancs à Karikal (agrandissement du)........................ 163

1874 Ses. ext. Cimetière de Chandernagor (crédit destiné à la réparation du).............. 24

1877 Ses. ord. Cimetière des chrétiens à Villenour (affectation d'un terrain domanial au).. 193

1877 Ses. ord. Cimetière de Péricalapett (au sujet du).. 204

1878 Ses. ord. Cimetière des chrétiens (vœu relatif à l'inscription d'une prévision pour l'entretien du) et de celui des musulmans situés dans la ville de Karikal 181

1879 Ses. ord. Cimetière des maplets et des partisans du culte évangélique à Mahé (affectation de terrains domaniaux au)..... 1037

1880 Ses. ord. Cimetière de tives à Mahé (exposé des motifs relatif au)................... 66

Cipahis.

1872 Ses. ord. Cipahis (proposition de M. Hecquet tendant à mettre à la charge de la Métropole la solde des officiers indigènes des). Rejet de cette proposition..... 214

1872 Ses. ord. Cipahis (proposition d'acquisition des terrains à Tiroubouvané et à Nettapacom pour l'établissement de poste de)................................ 283

1872 Ses. ord. Cipahis (prévision de retraite aux officiers indiens des)................ 269

1873 Ses. ord. Cipahis, pension aux officiers indiens à leurs veuves, etc. (au sujet des)... 209

1874 Ses. ord. Cipahis (vœu de M. Hecquet tendant à faire payer les pensions des officiers indigènes des) par la caisse des invalides de la marine..................... 158

1876 Ses. ord. Cipahis (construction d'un poste de) à Odiensalé............................ 185

1879 Ses. ord. Cipahis (au sujet de la pension de deux officiers indigènes des). Discussion; proposition de la faire payer par la caisse des invalides de la marine. 650. 656

1879 Ses. ord. Cipahis (proposition de mettre à la charge de la Métropole la solde des officiers indigènes des)........ 781
1880 Ses. ord. Cipahis (vote d'une subvention en faveur de la musique des)........ 314

Code pénal.

1878 Ses. ord. Code pénal en vigueur dans la Colonie (au sujet du vœu émis au Conseil local par M. Ponnoutamby et relatif aux modifications à apporter au)..... 229

Colis postaux.

1881 Ses. ord. Colis postaux (proposition de M. Hecquet tendant à assurer à la Colonie un revenu sur les)................ 252

Collèges.

1872 Ses. ord. Collège colonial (création d'un laboratoire de chimie au)................ 304
1872 Ses. ord. Collège colonial (admission des enfants indigènes sans distinction de caste au). 307
1879 Ses. ord. Collège colonial (au sujet du)........ 658
1881 Ses. ord. Collège Calvé (rejet de la motion de M. Covindessamy tendant au rétablissement de cinq maîtres de tamoul au). 448

Collèges électoraux.

1881 Ses. ord. Collèges électoraux (discussion au sujet de l'indemnité à payer aux présidents et secrétaires des). Renvoi à l'Adminisiration.................. 559, 563

Comité de bienfaisance.

1874 Ses. ext. Comité de bienfaisance de Chandernagor (crédit supplémentaire voté en faveur du)........................ 23
1876 Ses. ord. Comité de bienfaisance à Chandernagor. (Au sujet du vœu relatif à la subvention accordée à la municipalité de Chandernagor par le service local pour le)........................ 60

1877 Ses. ord. Comité de bienfaisance de Chandernagor (subvention de 30,000 fr. au) pour la création d'un hôpital, discussion........................ 114 à 130

1877 Ses. ord. Comité de bienfaisance de Chandernagor (subvention de 4,000 fr. au) pour l'entretien de 10 lits d'hôpital. . 130 à 132

1878 Ses. ord. Comité de bienfaisance de Chandernagor (observation au sujet de la subvention au......................... 90

1879 Ses. ord. Comité de bienfaisance (vœu du Conseil local de Mahé relatif à l'augmentation de la subvention au)................ 108

1879 Ses. ord. Comité de bienfaisance de Karikal (vœu tendant à l'augmentation de la subvention au)........................ 227

1880 Ses. ord. Comité de bienfaisance de Karikal (vœu tendant au rétablissement de la subvention au) au chiffre de 12,000 fr. 208

1880 Ses. ord. Comité de bienfaisance (vœu tendant à rétablir la subvention au) au même chiffre que celui de l'année en cours. 278

Comité de jurisprudence.

1879 Ses ord. Comité de jurisprudence indienne (au sujet de l'interprète du).............. 681

Comité de jurisprudence (observation au sujet de l'achat des livres pour le) 688

Comité de jurisprudence indienne (observation au sujet du pion pour le). 694

Commissaire-priseur.

1873 Ses. ord Commissaire-priseur (pétition relative à la création d'une seconde charge de) à donner à un indigène............ 252

Commission.

1872 Ses. ord. Commission des pétitions (rapport de la)...................................... 314

1873 Ses. ord. Commission (proposition d'adjoindre une) au botaniste agriculture........ 223

1873 Ses. ord. Commission chargée de préparer le règlement intérieur (nomination de la). 3

1873 Ses. ord. Commission (nomination d'une) pour étudier le développement des plantations des routes, rues, places, etc.... 196

1874 Ses. ord. Commission (motion concernant la nomination dans le sein du Conseil d'une) à l'effet de vérifier la valeur des assertions de M. Ponnoutamby et de M. Carriol relatives aux barrages de Souttoukany 70

1874 Ses. ord. Commission chargée étudier les questions se rattachant à la culture dans les étangs (nomination d'une).......... 100

1878 Ses. ord. Commission (proposition de nommer une) pour étudier les réductions qu'il sera possible d'apporter dans les dépenses des élections.................. 231

1878 Ses. ord. Commission des jardins coloniaux (mis à la disposition de la) d'une somme de 1,000 fr. pour lui permettre de faire des essais de cultures......... 260

1879 Ses. ord. Commissions (fixation du nombre de). 24, 32

1879 Ses. ord. Commission chargée de préparer le règlement intérieur (désignation de la). 53

Commission du règlement intérieur (rapport de la) sur la motion de M. Guerre au sujet des votes acquis. Discussion. Article additionnel. 70, 116 à 125

Commission des budgets (rapport de la). 72

Commission chargée de la préparation des projets des budgets municipaux. (Rapport de la proposition de la)...... 358

Commission (désignation des membres devant faire partie de la) chargée d'étudier la révision de l'assiette de l'impôt. Désignation des membres........................ 1087, 1126

1880 Commission des budgets (rapport de la). 132

Commission du budget (conclusion de la). Situation financière. Vœu au sujet de la rente de l'Inde .... 350, à 366

Commission (rapport de la) chargée de préparer un projet d'arrêté relatif au transport des magistrats en matière

criminelle. Projet d'arrêté. Ajournement de ce projet. 382, 396, 401

1881 Ses. ord. Commission (rapport de la) sur le produit des licences de spiritueux, de la vente du sel et sur le droit à l'introduction du tabac et du bétel à Karikal. 180, 181

Commission (rapport de la) tendant à la suppression des emplois de béchecars à Karikal. Discussion. Adoption d'un amendement de M. H. de Rozario 292, 296

Communes.

1880 Commune de Nédouncadou (vote du demi décime proposé par l'Administration en faveur de la) 282

1880 Ses. ord. Commune de Villenour (demande de subvention pour l'exécution des travaux neufs dans la) 314

1881 Ses. ord. Communes de l'Inde française (délimitation des). Rapport de la commission. Adoption des modifications proposées à la délimitation de la commune de Karikal. Amendement de M. Hecquet. Adoption de cet amendement. 98, 99, 100, 102

1881 Ses. ord. Commune de Karikal (au sujet d'une augmentation de délégation sollicitée par la). Rejet. 312

1881 Ses. ord. Commune de Pondichéry (exposé des motifs relatif à la concession d'un terrain à la) pour servir de latrines publiques. 356

1881 Ses. ord. Commune de Mahé (exposé des motifs concernant de nouvelles taxes au profit de la). 362

1881 Ses. ord. Commune de Yanaon (exposé des motifs concernant une augmentation de délégation sollicitée par la). 366, 367

1881 Ses. ord. Commune de Nédouncadou (augmentation de délégation sollicitée par la). Rejet de cette demande. 620, 621

1881 Ses. ord. Commune de Nédouncadou (exposé des motifs concernant la désignation du chef-lieu de la). Maintien du *statu quo*. 621

Comptes.

1874 Ses. ord. Comptes de 1873 pour le fonds commun et le fonds municipal des établissements secondaires (présentation des). 184

1874 Ses. ord. Comptes de 1873 (présentation des) du fonds commun de districts et du service municipal de Pondichéry. 188

1874 Ses. ord. Compte définitif des recettes et des dépenses du service local 1873. 207

1875 Ses. ord. Compte des recettes et des dépenses du service local (1874). 143

1875 Ses. ord. Compte des recettes et des dépenses du service municipal de Pondichéry, du fonds commun des districts du service municipal de Chandernagor, du fonds commun de la ville et des aldées de Karikal, Mahé et Yanaon pour 1874. 149

1876 Ses ord. Compte des recettes et des dépenses du service local pour 1875 (présentation du). 237

1876 Ses. ord. Comptes du fonds commun de Pondichéry et des Dépendances exercice 1875 (présentation des). 238

1877 Ses. ord. Compte des recettes et des dépenses du service local de l'exercice 1876 (présentation du). 193

1877 Ses. ord. Compte du service municipal et du fonds commun de Pondichéry et des Dépendances de Chandernagor, Karikal, Yanaon et Mahé pour 1876. 195

1878 Ses. ord. Comptes des recettes et des dépenses du service local de 1877 (présentation des). 305

1878 Ses. ord. Comptes du service municipal et du fonds commun de Pondichéry et des Dépendances de Chandernagor, Karikal, Mahé et Yanaon pour 1877. . . . 306

1879 Ses. ord. Compte des recettes et des dépenses du service local pour 1878 (présentation du). 923

1879 Ses. ord. Compte de développement des budgets municipaux et du fonds commun pour l'exercice 1878 (présentation du). . . . 927

1879 Ses. ord. Comptes des recettes et des dépenses pour l'exercice 1878 du service municipal de Chandernagor et de Karikal, du fonds commun de la ville et des aldées de Karikal, Mahé et Yanaon (présentation des). 928

1879 Ses. ord. Compte-rendu des recettes et des dépenses du fonds commun des districts de Pondichéry et du compte des travaux exécutés par le comité du fonds commun pendant l'année 1878 (présentation du). 931

1880 Ses. ord. Compte des recettes et des dépenses du service municipal de Pondichéry pour l'exercice 1879 (présentation du). 45

1880 Ses. ord. Compte des recettes et des dépenses du fonds commun des districts de Pondichéry et du compte des travaux exécutés par le comité du fonds commun pendant l'année 1879 (présentation du) 46

1880 Ses. ord. Compte de développement pour l'exercice 1879 du service municipal de Chandernagor et de Karikal, du fonds commun de la ville et des aldées de Karikal, Mahé et Yanaon (présentation du). 40

1880 Ses. ord. Compte de développement des recettes et dépenses du budget local pour l'exercice 1879 (présentation du). . . . 251

1881 Ses. ord. Comité des recettes et des dépenses du service local pour l'exercice 1880 (présentation du). 627

1881 Ses. ord. Compte de développement des recettes et des dépenses du fonds commun des districts de Pondichéry, de la ville et des aldées de Karikal, Mahé et Yanaon pendant l'année 1880 (présentation des). 631, 633

Concessions.

1872 Ses. ord. Concession des terrains (demande de)........ 281 283
1872 Ses. ord. Concessions de terres à Yanaon (observation relative à l'impôt attaché aux). 106
1873 Ses. ord. Concession de terres pour plantations d'arbres à haute futaie........ 237, 241
1874 Ses. ord. Concession des terrains sablonneux destinés à des plantations d'arbres de haute futaie........ 181
1876 Ses. ord. Concession des terres à Mahé (au sujet des)........ 19
1876 Ses. ord. Concession de M. Calvé-Soupprayachetty du cimetière Saint-Michel...... 206
1877 Ses. ord. Concessions des terres domaniales à Mahé (au sujet des). Mise en adjudication de ces terres........ 33, 36
1878 Ses. ord. Concession des terres faites à Yanaon sans l'avis du Conseil colonial (observations au sujet des). Renseignements fournis à ce sujet........ 45, 49
1878 Ses. ord. Concessions faites pour la création d'un village de parias à Yanaon (au sujet des)........ 49, 52
1878 Ses. ord. Concessions des terres domaniales à Mahé (au sujet des)........ 68
1878 Ses. ord. Concession de la plaine de Laldiguy au comité de bienfaisance (au sujet du vœu du Conseil local de Chandernagor relatif à la) en vue de la création d'un hospice-hôpital........ 94
1879 Ses. Exc. Concession d'un terrain du parc colonial (discussion au sujet de la demande du directeur de la filature *Savana* tendant à obtenir la)... 42 à 47
1879 Ses. ord. Concession des terres à Yanaon.... 1,033
1880 Ses. ord. Concession gratuite de terres à Mazulipatam (Yanaon)........ 62
1880 Sec. ord. Concession (demande de) des plages de la mer pour y faire des plantations.. 360
1881 Concession gratuite d'un terrain sis à Goretty (exposé des motifs concer-

nant une demande de) pour l'installation d'une usine. Adoption des propositions de l'Administration. 89, 90

1881 Ses. ord. Concession de terres en faveur du pagotin de Vattaby, Ramassamycovil (demande de). Retrait de ce dossier par l'Administration. 107, 108

1881 Ses. ord. Concession gratuite du bâtiment et des terrains dépendant de l'ancienne magnanerie (demande de). Rejet de cette demande. 358, 362

1881 Ses. ord. Concession des terrains (au sujet de la demande de) faite par le pasteur du culte évangélique de Mahé pour l'agrandissement de son école. 542

Conduites d'eau.

1878 Ses. ord. Conduite d'eau (construction d'une) pour employer à l'irrigation du parc colonial les eaux provenant du puits artésien de la filature *Savana*. 296

1881 Ses. ord. Conduite d'eau de Moutrépaléom (maintien de la) dans la dotation communale. 431

Conseils électifs.

1872 Ses. ord. Conseil colonial (validation des membres du). 2

1872 Ses, ord. Conseils locaux (institution de) et d'un Conseil colonial. Discours du Gouverneur. 5

Conseil colonial (renouvellement triennal des membres du). 9

1873 Ses. ord. Conseils locaux (recommandation de M. le Gouverneur au sujet de la présentation des projets à soumettre aux). . 48

1874 Ses. ord. Conseil colonial (obligation à l'Administration de respecter par chapitre la spécialité des crédits votés par le) . . 140

1874 Ses. ord. Conseils (augmentations de soldes réservées à l'autorité non aux). 44

1878 Ses. ord. Conseil local de Pondichéry (proposition de prendre l'avis du) sur la ques-

tion du logs Soupravapoullé. Rejet de cette proposition . . . . 214 à 218

1879 Ses. exc. — Conseil (la lecture des procès-verbaux des séances du) doit être faite par le secrétaire élu) 16

1879 Ses. ext. — Conseils locaux (attributions des). Exposé des motifs. Projet de décret. Discussion . . . . 77, 113, 117 à 125

1879 Ses. ord. — Conseil général (renouvellement triennal des membres du) 23

1879 ses. ord. — Conseil général (frais de séjour et de voyage des membres du) des Dépendances reportés au budget du chef-lieu 101, 148, 197, 317, 741

Conseil local de Karikal (au sujet des usurpations de pouvoir faite par le) dans l'examen du budget 190

Conseils locaux (motion de M. Margain relative au maintien des). Adoption 465 490

Conseil général (communication d'une dépêche ministérielle au sujet du droit qui appartient au) dans les questions de l'instruction publique 998

1880 Ses. ord. — Conseils locaux (motion de M. Margain au sujet des attributions des) . . . 137, 228

Conseils locaux (proposition de M. Gaudart tendant à la nomination d'une commission chargée de déterminer les attributions des). Discussion. 137, 153

Constatation.

1872 Ses. ord. — Constatation de l'origine des produits destinés à l'exportation 212

1880 Ses. ord. — Constatation de l'origine des guinées (vœu de M. Rassendren au sujet de la) 437

Constitution.

1876 Ses. ord. — Constitution coloniale (au sujet du projet de). Rapport du Procureur général. Discussion . . . . 283, 304, à 473

1881 Ses. ord. — Constitution locale (interpellation de M. Gallois-Montbrun au sujet du vœu relatif à la modification de la) 26

1881 Ses. ord. Constitution locale (question adressée par M. Gallois-Montbrun à M. le Directeur de l'intérieur au sujet du projet de modification de la). Renouvellement par le Conseil général du vœu émis par le Conseil local à ce sujet ... 121 à 124

Consultations gratuites.

1876 Consultations gratuites dans la ville noire (proposition de déléguer un officier de santé pour donner les)... 132

Contingents.

1874 Ses. ord. Contingent versé à la Métropole (au sujet du) ... 90

1878 Ses. ord. Contingent payé par les Dépendances (au sujet de la question du) ... 57

1879 Ses. ord. Contingent de Chandernagor (demande de réduction du) en vue de l'exécution des travaux ... 333

1879 Ses. ord. Contingent à fournir à la Métropole (au sujet du), vœu tendant à la restitution de ... à la colonie ... 742 744

1880 Ses. ord. Contingent (proposition de M. Gaudart au sujet du) fourni par les Dépendances. Discussion ... 137 à 153

1880 Ses. ord. Contingent fourni par les Dépendances (au sujet du vœu relatif à la fixation du) ... 220

1880 Ses. ord. Contingent à fournir à la Métropole (suppression de la prévision au sujet du) ... 288

Contrat.

1880 Ses. ord. Contrat de louage (motion de M. Chanémougam au sujet du) ... 436

Contributions.

1872 Ses. ord. Contributions (discussion au sujet des) ... 207 213

1873 Ses. ord. Contributions (explication du chef de service des) sur les observations du fonds commun ... 67

1873 Ses. ord. Contributions directes Pondichéry. 87, 88. Karikal. 35. Chandernagor. 31. Mahé. 41. Yanaon. 44

1873 Ses. ord. Contributions indirectes. Pondichéry. 88. Karikal. 35. Chandernagor. 31. Mahé. 41. Yanaon. 44

1878 Ses. ord. Contribution foncière (note explicative sur les causes de la diminution du montant de la). 162

1879 Ses. ord. Contributions (au sujet des modifications apportées dans les sommes allouées au chef du service des). 766

1880 Ses. ord. Contributions (projet relatif à la réorganisation du service des). Rapport de la commission. Maintien de l'organisation actuelle 94, 96

1880 Contributions (service des). Rapport de la commission 207

1881 Ses. ord. Contributions (proposition de M. Dourressamy tendant à accorder une indemnité de 600 fr. aux agents du service des) licenciés par suppression d'emploi. 314

1881 Ses. ord. Contributions à Pondichéry (au sujet du service des). Rapport de la commission. Discussion. Amendement de M. Chatelier. Réduction de 10,000 fr. proposée par la commission. . . . 488 à 494

Cote foncière.

1881 Ses. ord. Cote foncière (discussion au sujet de la remise de 10 p. 0/0 sur la). Maintien de cette remise. . . . . 227, 247 à 513

(Voir impôt foncier.)

Côteaux.

1875 Côteaux de Périmbé (vœu tendant à mettre en vente les). 77

Cours professionnel. (Voir école, enseignement industriel.)

Crédits.

1873 Ses. ord. Crédit extraordinaire accordé à l'Etablissement de Chandernagor à l'occasion de la disette de riz. 12
1873 Ses. ord. Crédit supplémentaire (ratification de). 236
1874 Ses. ext. Crédit supplémentaire voté en faveur du comité de bienfaisance de Chandernagor, destiné à la réparation du cimetière de cette ville. 23
1874 Ses. ext. Crédit extraordinaire accordé à l'Etablissement de Chandernagor, à l'occasion de la disette du riz (réintégration au trésor local du). 92
1874 Ses. ord. Crédit éventuel (réduction du). 132
1874 Ses. ord. Crédits votés par le Conseil colonial (obligation à l'Administration de respecter par chapitre la spécialité des). 116
1874 Ses. ord. Crédits supplémentaires ouverts sur le budget du service local exercice 1874 (ratification des). 170
1875 Ses. ord. Crédits provisoires (ouverture des) pour faire face aux dépenses urgentes de l'exercice 1876. 7
1875 Ses. ord. Crédits supplémentaires (ratification de). 8
1876 Crédits supplémentaires ouverts sur le budget de Karikal (ratification des). . 104
1877 Ses. ord. Crédits supplémentaires (ratification de). 143
1878 Ses. ord. Crédit supplémentaire (exposé des motifs relatif à l'ouverture d'un) au compte du budget local de Yanaon, exercice 1878, dans le but de venir en aide aux victimes du cyclone. 17
1878 Ses. ord. Crédits supplémentaires (ratification des). Observations générales du Gouverneur au sujet du droit de l'Administration d'ouvrir des crédits supplémentaires. 150, 152
1879 Ses. ext. Crédit supplémentaire (ouverture d'un) pour l'exécution des travaux du tribunal de 1re instance. 12

1879 Ses. ord. Crédit supplémentaire (ouverture d'un) pour les dépenses de la fête d'inauguration du chemin de fer........ 41
1879 Ses. ord. Crédits à demander pour le compte du budget local de Mahé exercice 1879 (exposé des motifs des).......... 83
1879 Ses. ord. Crédits supplémentaires à ouvrir au budget de Yanaon exercice 1879 (exposé des motifs de la demande de)...... 126
1879 Ses. ord. Crédits supplémentaires ouverts au compte du budget de Karikal en 1879 (exposé des motifs de la demande de). 172
1879 Ses. ord. Crédits supplémentaires ouverts au compte du budget de Chandernagor (exposé des motifs de la demande de). 295
1879 Ses. ord. Crédits supplémentaires au budget local pour les exercices 1878 et 1879 (exposé des motifs relatif à la ratification et à la demande de)................ 516
1879 Ses. ord. Crédit supplémentaire pour les travaux du chemin de fer (exposé des motifs d'une demande d'ouverture d'un)......................... 524, 937
1879 Ses. ord. Crédit supplémentaire (ouverture d'un) au budget de Yanaon pour couvrir les excédents de dépenses.......... 1,034
1880 Ses. ord. Crédit supplémentaire de 5,000 francs (ouverture d'un) au budget du fonds commun de Pondichéry, afin de réparer les dégâts occasionnés par l'ouragan du 21 novembre dernier...... 54
Crédit supplémentaire ouvert au budget local de Yanaon pour l'exercice 1880 (ouverture d'un).............. 173
Crédit supplémentaire à ouvrir au compte du budget local de Mahé, exercice 1880 (ouverture d'un)............. 189
Crédits supplémentaires à ouvrir au budget de Karikal sur l'exercice 1880 (exposé des motifs relatif aux)...... 226
Crédits supplémentaires au budget local de Karikal sur l'exercice 1879 et 1880 (exposé des motifs relatif à la ratification de)......................... 345

Crédits supplémentaires au compte du budget local de Pondichéry pour l'exercice 1880 (exposé des motifs relatif à la demande des).......... 347

Crédits supplémentaires à ouvrir au budget de Pondichéry, exercice 1880 (exposé des motifs relatif à la demande de)........................... 349

1881 Ses. ord. Crédits supplémentaires à ouvrir aux budgets locaux de Yanaon, de Mahé, de Chandernagor et de Karikal............... 158, 160, 162, 163

1881 Ses. ord. Crédits supplémentaires à ouvrir au compte du budget local de Pondichéry. Exposé des motifs. Rapport. Discussion au sujet des crédits supplémentaires demandés pour abonnement aux journaux et pour les dépenses éventuelles. Adoption d'un amendement présenté par MM. Chatelier et Duchamp au sujet de ces crédits. Approbation de tous les autres crédits demandés par l'Administration................ 167, 173, 174, 179

Culture.

1874 Ses. ord. Culture dans les étangs (nomination d'une commission chargée d'étudier les questions se rattachant à la).... 100

Cyclone.

1878 Ses. ord. Cyclone (exposé des motifs relatif à l'ouverture d'un crédit supplémentaire au compte du budget local de Yanaon exercice 1878 dans le but de venir en aide aux victimes du)............. 17

Débordements.

1874 Ses. ord. Débordements du Godavéry (au sujet de la construction d'une digue pour prévenir les)............................ 63

1875 Ses. ord. Débordements du Godavéry (demande de renseignement au sujet de la digue

projetée l'année dernière pour prévenir les)........................ 34

Décès.

1881 Ses. ord. Décès (au sujet de la création d'un emploi de médecin chargé de constater les). 601

Décime.

1880 Ses. ord. Décime (vote du demi) proposé par l'Administration en faveur de la commune de Nédouncadou.......... 282

Décret.

1876 Ses. ord. Décret organique (projet de). Discussion........................ 473 603

Dégrèvements.

1874 Ses. ord. Dégrèvements d'impôt (recommandation du Gouverneur au sujet de la concession des)..................... 161

1876 Ses. ord. Dégrèvement des terres à Yanaon (discussion relative à la question du). Discussion................. 65 à 70

1880 Ses. ord. Dégrèvement de frais de justice (au sujet du) demandé par Samattom Kristaya. Motion du Conseil à ce sujet. 421, 424

Délégations.

1880 Ses. ord. Délégations faites aux budgets municipaux (Au sujet des). Exposé des motifs. Rapport de la commission. Discussion......................... 29, 30

1881 Ses. ord. Délégation (au sujet d'une augmentation de) sollicitée par la commune de Karikal. Rejet.................. 312

1881 Ses. ord. Délégation (augmentation de) sollicitée par la commune de Nédouncadou. Rejet de cette demande........ 620, 621

1881 Ses. ord. Délégation (exposé des motifs concernant une augmentation de) sollicitée par la commune de Yanaon. . . 366, 367

Délimitation.

1881 Ses. ord. — Délimitation des communes de l'Inde française. Rapport de la commission. Adoption des modifications proposées à la délimitation de la commune de Karikal. Amendement de M. Hecquet. Adoption de cet amendement. 98, 99, 100, 102 103

Dentelle.

1881 Ses. ord. — Dentelle (discussion au sujet de la subvention à accorder à la religieuse chargée de l'enseignement de la fabrication de la). . . . . 503 à 505

Dépêches ministérielles.

1873 Ses. ord. — Dépêche ministérielle au sujet de la question du chemin de fer de Pondichéry (communication d'une). . . . 21, 185

1874 Ses. ord. — Dépêche ministérielle (communication d'une) relative aux dépenses de l'hôpital 81

1875 Ses. ext. — Dépêche ministérielle (communication d'une) accordant une subvention de 100,000 fr. pour la concession d'une prime à la sortie en faveur des produits des filatures. Discussion. 224 à 229

1879 Ses. ext. — Dépêche ministérielle (communication d'une) relative au chemin de fer de Pondichéry et au prolongement du pier. 162

1879 Ses. ord. — Dépêche ministérielle (communication d'une) au sujet d'un droit qui appartient au Conseil général dans les questions de l'instruction publique. 998

1880 Ses. ord. — Dépêche ministérielle (communication d'une) au sujet des vœux émis par le Conseil général : Rente, augmentation du traitement des juges de paix de Mahé et d'Yanaon, pension de retraite. 24

1881 Ses. ord. — Dépêche ministérielle au sujet de la rente de l'Inde. Renvoi de cette dépêche à la commission des finances. 351, 352

Dépenses.

1878 Ses. ord. Dépenses diverses et imprévues (au sujet du vœu du Conseil local tendant à obtenir du Ministre de la Marine l'autorisation d'employer la somme de 12,000 fr. au titre des) après le vote de tous les crédits demandés par l'Administration sur chapitre des dépenses obligatoires.................. 232

1881 Ses. ord. Dépenses (adoption de la modification proposée par la commission au cadre du budget des)........................ 56

1881 Ses. ord. Dépenses du personnel (déduction de 1 fr. 50 cent. pour les incomplets sur les). Observations du chef de 3e bureau à ce sujet...................... 56 72

1881 Ses. ord. Dépenses d'ordre (adoption de la modification proposée au budget pour les recettes et les).................. 56 57

1881 Ses. ord. Dépenses du matériel de la justice à Mahé (observation au sujet des)..... 200

Dépôts.

1872 Ses. ord. Dépôts des bois de construction.... 34 314

1876 Ses. ord. Dépôt de médicaments dans la ville noire et dans les districts de Villenour et de Bahour (au sujet de la création d'un)...................... 132 134

1877 Ses. ord. Dépôt de médicaments à la Grande-Aldée (création d'un)................. 59

Dépôts et consignations.

1872 Ses. ord. Dépôts et consignations du tribunal de paix (maintien de l'emploi de commis pour les)............................ 172

1879 Ses. ord. Dépôts et consignations de la justice de paix (rétablissement de la solde du commis de la caisse des)............ 730

Dépôts judiciaires.

1874 Ses. ord. Dépôts judiciaires (proposition d'attribuer à la colonie les fonds existant au trésor sous le titre de).......... 105

1875. Ses. ext. Dépôts judiciaires (vœu tendant à affecter à la colonie le montant des)... 220

Digue.

1874 Ses. ord. Digue (au sujet de la construction d'une) pour prévenir les débordements du Godavéry.................................... 63

1875 Ses. ord. Digue projetée l'année dernière pour prévenir les débordements du Godavéry (demande de renseignements au sujet de la)...................... 34

Direction de l'intérieur.

1879 Ses. ext. Direction de l'intérieur (examen du projet relatif à la création de la). Exposé des motifs. Projet de décret proposition additionnelle tendant à étendre le service de la Direction de l'intérieur dans tous les Etablissements secondaires.......................... 20 28

1879 Ses. ext. Direction de l'intérieur (ouverture des crédits supplémentaires pour le fonctionnement de la)...................... 32

1879 Ses. ord. Direction de l'intérieur (au sujet du vœu du Conseil local de Chandernagor relatif à la nomination d'un délégué de la). 311

1879 Ses. ord. Direction de l'intérieur (au sujet du personnel auxiliaire de la)............. 747

1880 Ses. ord. Direction de l'intérieur (au sujet du recrutement du personnel de la). Déclaration du Directeur de l'intérieur. Motion de M. Le Faucheur tendant à la stabilité du personnel supérieur.................... 268, 269, 333

1881 Ses. ord. Direction de l'intérieur (proposition de créer un emploi de délégué de la) dans les Dépendances. Discussion........................ 264, à 271

1881 Ses. ord. Direction de l'intérieur (vœu du Conseil général concernant le recrutement dans la colonie du personnel de la).. 442

Discours.

1872 Ses. ord. Discours du Gouverneur.............. 5

1873 Ses. ord. — Discours du Gouverneur............. 1

1875 Ses. ord. — Discours du Gouverneur............. 2

1876 Ses. ord. — Discours du Gouverneur............. 1

1877 Ses. ext. — Discours du Gouverneur............. 1

1877 Ses. ext. — Discours du Gouverneur............. 3

1877 Ses. ord. — Discours du Gouverneur.......... 2, 3, 4

1879 Ses. ext. — Discours du Gouverneur............. 2, 4

1879 Ses. ord. — Discours du Gouverneur............. 2, 3

1880 Ses. ord. — Discours du Gouverneur............. 2

1881 Ses. ord. — Discours du Gouverneur............. 3

Disettes.

1873 Ses. ord. — Disette de riz (crédit extraordinaire accordé à l'établissement de Chandernagor à l'occasion de la).......... 12

1874 Ses. ord. — Disette de riz (réintégration au trésor local du crédit extraordinaire accordé à l'établissement de Chandernagor à l'occasion de la)................. 92

1876 Ses. ord. — Disette à Pondichéry (proposition d'examiner les mesures à prendre à l'occasion de la).............. 108, à 116

1876 Ses. ord. — Disette à Pondichéry (examen des mesures à prendre pour combattre les effets de la)................. 610, 623

1876 Ses. ord. — Disette (nécessité d'entreprendre les travaux d'utilité publique à l'occasion de la)........................... 619

1876 Ses. ord. — Disette (prélèvement sur la caisse de réserve d'une somme de 15,000 fr. pour accorder des secours à l'occasion de la)............................. 623

1876 Ses. ord. — Disette (allocation aux employés de l'Administration d'un supplément égal

à un mois de solde à titre de gratification extraordinaire à l'occasion de la)........................... 624

1877 Ses. ord. Disette (remerciements adressés à tous ceux qui ont contribué à soulager les infortunes résultant de la)....... 4, 7

Dispensaires.

1872 Ses. ord. Dispensaire (création d'un) à l'hôpital.. 255

1876 Ses. ord. Dispensaire à Chandernagor (au sujet de la création d'un)............... 50

Distribution d'eau.

1873 Ses. ord. Distribution des eaux pour les champs (au sujet de la).................. 78

1876 Ses. ord. Distribution des eaux du grand étang d'Oussoudou (au sujet de la)....... 191

Dons, Donations.

1874 Ses. ord. Donation de deux immeubles faite par le sieur Virapéroumalpoullé (au sujet de la) pour servir à la fondation à Pondichéry d'une école de Tamijars..... 190

1874 Ses. ord. Dons de M. Calvé-Soupprayachetty (au sujet des) en vue de la construction et de l'entretien d'une école de Tamijars.............................. 193

1878 Ses. ord. Donation d'un terrain faite par un habitant de Pandaquel pour y installer une école (acceptation de la)............ 56

1879 Ses. ord. Don fait à l'hôtel de ville par l'Etat d'un tableau représentant « Jacques Cartier découvrant le fleuve Saint-Laurent ».. 764

1880 Ses. ord. Donation d'un terrain pour servir à la construction d'une école à Chalacara (Mahé)............................ 368

Dotations.

1880 Ses. ord. Dotations communales (liste des). 401 à 404

1881 Ses. ord. Dotations communales (communication d'une décision autorisant le Procureur général à assister au Conseil général pour soutenir la discussion des). In-

terpellation de M. Gaudart au sujet de cette discussion.................. 221

1881 Ses. ord. Dotation communale (examen du projet de révision de la). Exposé des motifs. Rapport de la commission. Délibération. Adoption de la motion de M. Gaudart relative au classement des canaux d'irrigation. Prise en considération de la proposition de M. Covindassamy au sujet d'une institution syndicale. Discussion au sujet du classement des canaux d'irrigation. Motion de M. Gaudart. Maintien du *statu quo*. Maintien des terres à soude dans la dotation. Adoption des propositions de l'Administration relative à la dotation communale de Chandernagor. Renvoi à la prochaine session de la question de la chaudrie de Bahour. Discussion relative aux places du Gouvernement et de la pharmacie à Pondichéry. Maintien de ces places dans la dotation communale. La place de Karikal est également rattachée à cette commune. Discussion relative au square Dupleix. Maintien de ce square dans la dotation. Désignation des rues qui doivent être considérées comme prolongement des deux villes. La conduite d'eau de Moutrépaléom et les divers autres biens donnés aux municipalités sont maintenus dans la dotation communale. 221, 377, 385, 390 398, 400, 403, 407 412.

Douane, Douaniers.

1875 Ses. odr. Douaniers. Vœu tendant à la révision du tarif du Sénégal........... 163 à 174

1879 Ses. ord. Douanes (vœu tendant à la suppression de la mise en) des navires se rendant à Yanaon........................ 166

1879 Ses. ord. Douanes (au sujet de la création d'un bureau de) à la gare du chemin de fer. Projet d'arrêté.......... 566 à 1001

Droits, contributions.

1873 Ses. ord. Droits sur l'introduction, la fabrication et la vente des spiritueux.
Pondichéry.................... 93 101
Karikal.......................... 36
Chandernagor................... 15 32
Mahé............................. 42
Yanaon........................... 44
1875 Ses. ord. Droits de quai et de débarcadère (augmentation de la prévision des)...... 46
1875 Ses. ord. Droit de Chandoumy (proposition de transférer du service local au service municipal le produit de la location des arcades du bazar du Gonge et du). 126
1876 Ses. ord. Droit de mesurage à la sortie des grains à Karikal (augmentation de la prévision du)........................... 74
Droit de pier frappé sur les grains nourriciers (au sujet de la suppression du). Maintien de ce droit.... 109, 112, 120
Droit de licences sur la culture du tabac (discussion au sujet de la suppression du). Maintien de ce droit. 117, 119
Droits sanitaires, de phare et de tonnage (exonération des) accordée aux navires venant faire leur lest.. 121, 122
Droit de lods et ventes (observation au sujet du)........................... 254
Droit à l'introduction des poudres à Mahé (au sujet de l'application d'un)..................... 280, 282
Droits de tonnage et de manifeste (exonération des) en faveur des navires qui viendront débarquer du riz à Pondichéry............................ 623
1877 Ses. ext. Droit de quai sur les chelingues à Karikal (création d'un)................ 16
1877 Ses. ord. Droit sur les certificats d'origine destinés aux tissus de l'Inde (au sujet de la prévision du)................ 11, 18
Droit sur les passeports (au sujet de l'élévation du).............. 15, 17, 39
Droit sur les bétels (proposition de réduction du)................... 17, 19

Droit de mesurage de la sortie des grains à Karikal (augmentation de la prévision du)........................ 40
Droit de péage à Karikal (au sujet du vœu du Conseil local relatif à la création d'un). Discussion.......... 65 à 76
Droit de mesurage à Yanaon (modification au tarif du)........................ 96
Droit de certificat d'origine sur les toiles de l'Inde française (augmentation de la prévision du)........ 146, 149
1878 Ses. ord. Droit de 1/2 p. 0/0 sur les mandats poste (au sujet du)........................ 7
1878 Ses. ord. Droit sur les cocotiers exploités en callou (au sujet du)........................ 8, 16
Droit de licences pour le débit du callou (au sujet du)........................ 8, 16
Droit de passage de Gondolpora. Vœu du Conseil local de Chandernagor tendant à attribuer ce revenu au service municipal........................ 73, 92, 95
Droit de péage sur les principales routes de Karikal (au sujet de la création d'un)........................ 98
Droit sur les cocotiers exploités en callou à Karikal (au sujet de la prévision de recettes provenant du)...... 101
Droit de tonnage et de manifeste (au sujet de la prévision des recettes provenant du)........................ 166
Droit de certificat d'origine sur les toileries de l'Inde française exportées (au sujet du)........................ 170
Droit de certificat d'origine sur les huiles et produits récoltés français (au sujet du)........................ 176
Droit de certificat d'origine sur les produits de toutes espèces fabriqués dans la colonie........................ 178
1879 Ses. ord. Droit de mesurage à Yanaon (demande du Conseil local de Yanaon tendant à l'abolition du). Maintien de ce droit... 134

1879 Ses. ord. Droits de lods et ventes (vœu de M. Margain tendant à l'uniformité des) dans toutes les Dépendances.......... 297

Droit sur les chelingues au profit de la Chambre de commerce (au sujet d'un). Discussion. Adoption de la proposition de l'Administration........ 527, 533, 562

Droit de tonnage (vœu tendant à l'exonération du) en faveur des navires à voiles qui importeraient ou exporteraient de Pondichéry des fractions de chargement inférieur à 15 tonneaux.................... 548 à 561

Droit à l'introduction du tabac (Observation au sujet du). Création d'un bureau de douane à la gare du chemin de fer. Proposition du remaniement de ce droit.................... 566 à 575

1879 Ses. ord. Droit de mesurage sur les grains (Proposition d'élever le). Adopté.......... 833

1880 Ses. ord. Droit de lods et ventes à Chandernagor (Proposition de réduire le). Renvoi de l'étude de cette question à la commission des impôts................ 229

1880 Ses. ord. Droit à l'introduction du tabac à Karikal (Modification au)................ 194

1881 Ses. ord. Droit sur le bétel (Projet de délibération sur l'assiette et le mode de perception du) à Pondichéry et à Karikal.. 133, 134

Droit sur le bétel (exposé des motifs relatif aux modifications à apporter dans l'assiette et le mode de perception du) à Pondichéry et à Karikal. Rapport de la commission. Observation du Directeur de l'intérieur et adoption des propositions de la commission. Projet de décret. Discussion. Adoption dudit décret modifié par la commission.... 148, 150, 151, 152 à 155

Droit à l'introduction du bétel (rapport de la commission sur le) à Karikal.. 182

Droit de licence à la culture du bétel (discussion au sujet de la prévision du) à Karikal.................. 182

Droit de lods et ventes. (Vœu de M. Rassendren au sujet de la réduction du) à Chandernagor.............. 210, 211
Droit de péage à Mahé (Ajournement du)........................ 365, 371, 372
Droit de quai à Karikal (Vote définitif du tarif du)......................... 338
Droit de quai à Pondichéry (Augmentation de 25 p. 0/0 du).......... 600, 608
Droit sur le tabac (Exposé des motifs relatif aux modifications de l'assiette et le mode de perception du). Rapport de la commission y relative. Déclaration du Directeur de l'intérieur retirant les projets de décret sur cette matière et leur substituant des éléments de délibération. Discussion y relative. Examen du projet sur le tabac présenté par l'Administration modifié par la commission. Amendement de Chanemougam à l'article 2 du décret.............. 127, 128, 131, 141, 143

Droits (cours de).

1879 Ses. ord. Droit (création de trois nouveaux cours de). Exposé des motifs. Rapport de la commission...................... 823, 825
1880 Ses. ord. Droit (vœu tendant à faciliter aux jeunes gens des Dépendances de venir suivre les cours de) à Pondichéry.......... 166
1880 Ses. ord. Droit (vœu tendant à la création de cours de) à Karikal........................ 316
1881 Ses. ord. Droit (l'Administration est autorisée à prélever sur le disponible de 1881 une somme de 1,000 francs destinée à payer deux professeurs du cours de). 511

Echange.

1873 Ses. ord. Echange des terres comprises dans la route de Maïlom (Ajournement de l')............................ 229 à 231
Echange de terres comprises dans la route de Valdaour (Au sujet de l')... 231

Echange de terres comprises dans les routes Madourépacom et de Maïlom.. 229
Echange des terres comprises dans le nouveau chemin de Calapeth....... 237
1874 Ses. ord. Echange de terres prises pour les routes de Marcanom et de Maïlom......... 176
1876 Ses. ord. Echange de terres comprises dans les chemins vicinaux de Poulléarcoupom et de Bahour à Caniacovil (Discussion au sujet de l')............. 231, 236
1877 Echange des terres dont les concessions ont été comprises à tort dans celles vendues à M. Jablin (Ratification de l'). 94
1881 Ses. ord. Echange de terres à Yanaon......... 95
1881 Ses. ord. Echange de terres pour le redressement de la route de Tiroupapour. Discussion et ajournement de cette question.................. 108 à 111 624

Eclairage.

1872 Ses. ord. Eclairage (discussion relative à l') des rues de la ville................. 15
1873 Ses. ord. Eclairage des principales rues de Karikal.............................. 52
1873 Ses. ord. Eclairage de la ville de Pondichéry... 60
1874 Ses. ext. Eclairage de la ville (au sujet de l'). 19 à 22
1875 Ses. ord. Eclairage de l'hôtel du Gouvernement (vote d'un crédit à l'effet de changer les matériels d')................. 59
1876 Ses. ord. Eclairage de la ville de Yanaon (demande d'allocation pour l')........ 34
1876 Ses. ord. Eclairage de la ville de Chandernagor (proposition d'affecter l'excédent des recettes provenant de l'adjudication des licences pour la vente des spiritueux à titre de subvention spéciale à la municipalité de Chandernagor pour l')........................ 38, 58
1879 Ses. ord. Eclairage des rues et places de la ville (observation au sujet de l')......... 944

1881 Ses. ord. Eclairage des hôtels des chefs d'administration (Réduction de 1,000 francs sur la prévision pour l')........... 514

Ecluses.

1876 Ses. ord. Ecluse (au sujet de la demande d'une) spéciale à l'étang d'Oussoudou pour l'irrigation des terres d'Oulgaret..... 201

1876 Ses. ord. Ecluse sur la digue est de l'ancien réservoir de Coupom (Construction d'une)........................ 223, 226

Ecole.

1872 Ses. ord. Ecole d'apprentissage (création d'une) pour les jeunes gens du pays.... 8, 259

1872 Ses. ord. Ecole gratuite des tamijars (acquisition d'un terrain à Bahour pour être affectée à la construction de l')......... 280

1873 Ses. ord. Ecole d'apprentissage (ajournement du projet de création d'une)....... 189, 198

1874 Ses. ord. Ecole de tamijars (donation de deux immeubles faite par le sieur Péroumallepoullé pour servir à la fondation à Pondichéry d'une)...................... 190

1874 Ses. ord. Ecole de tamijars (au sujet des dons de M. Calvé Souprayachetty en vue de la construction et de l'entretien d'une).. 193

1876 Ses. ord. Ecoles gratuites à Karikal (achat d'une maison pour l'installation des)...... 105

1878 Ses. ord. Ecole (acceptation de la donation d'un terrain faite par un habitant de Pandaquel pour y installer une)........... 56

1879 Ses. ext. Ecole à la Grande-Aldée (acquisition d'un terrain pour la construction d'une)................................ 64

1879 Ses. ord. Ecole gratuite des garçons à Yanaon (bail d'un pavillon pour l') 1036

1880 Ses. ord. Ecole des filles à Yanaon (exposé des motifs relatif à la passation d'un bail pour le loyer d'une maison affectée à l')................................ 80

1880 Ses. ord. Ecole professionnelle (vote d'une prévision de 10,000 francs pour l')....... 312

1880 Ses. ord. Ecole (donation d'un terrain pour servir à la construction d'une) à Chalacara (Mahé) 368

1881 Ses. ord. Ecole professionnelle (demande de concession gratuite du bâtiment et des terrains de l'ancienne magnanerie faite par M. Declosot pour l'établissement d'une) .... 358 à 362

1881 Ses. ord. Ecoles primaires (proposition relative à la création d'un emploi d'inspecteur des) .... 272 à 275

1881 Ses. ord. Ecole gratuite des garçons à Yanaon (bail à loyer d'une maison affectée à l') 622

(*Voir enseignement industriel.*)

Église.

1874 Ses. ord. Église de Mahé (achat d'une horloge pour l') 57

Élections.

1872 Ses. ext. Élections (validation des) des membres du Conseil colonial 2

1875 Ses. ord. Élections (publicité des) au moyen des affiches et des publications au son du tam-tam 60

1878 Ses. ord. Élections (observations au sujet des dépenses pour les), Karikal 117, 121

1878 Ses. ord. Élections (projet de nommer une commission pour étudier les réductions qu'il sera possible d'apporter dans les dépenses des) 231

1870 Ses. ord. Élection du 13 avril 1870 (Interpellation de M. Bayol sur l') .... 26 à 32

1870 Ses. ord. Élections (observation au sujet du crédit inscrit au budget des Dépendances pour les dépenses des). Frais de voyage et de séjour des conseillers généraux des Dépendances reportés au budget du chef-lieu 101, 148, 197, 317, 741

1870 Ses. ord. Élections (exposé des motifs concernant les mesures à prendre pour réduire les dépenses des) 1017

Emigration.

1872 Ses. ord. Émigration (mise au compte des colonies intéressées des indemnités allouées au commissaire du Gouvernement près de l')........................ 143

1879 Ses. ord. Émigration (au sujet du supplément à allouer au commissaire de l')........ 192

1880 Ses. ord. Émigration (proposition de M. Gaudart au sujet du supplément payé au commissaire d') à Karikal.............. 195

1881 Ses. ord. Émigration (la somme inscrite aux recettes à divers titres pour le supplément du commissaire d') de Karikal est transférée aux recettes de cet Etablissement........................ 256

1881 Ses. ord. Émigration (proposition de transférer à la IIe section du budget le supplément payé au commissaire d') de Karikal. 271

Emprunts.

1877 Ses. ext. Emprunt de la somme de 1,000,000 fr. pour la construction du chemin de fer. Exposé des motifs............ 4, 6, 7

1879 Ses. ord. Emprunt de 25,000 fr. (au sujet de la question de l') proposé par les représentants de Chandernagor en vue de l'exécution des travaux urgents..... 333

Enregistrement.

1876 Ses. ord. Enregistrement (discussion au sujet du projet d') à établir dans la colonie........................ 244 à 264

1880 Seo. ord. Enregistrement (au sujet du projet de décret sur l'). Rapport de la commission. Discussion. Rejet du projet. 84 à 94

Enseignement industriel. (Voir école.)

1870 Ses. ord. Enseignement industriel (création de cours d'). Exposé des motifs. Rapport de la commission............. 707. 804

Entrepôts.

1878 Ses. ord. Entrepôt pour les spiritueux à Karikal (location d'un nouvel).............. 128

1879 Ses. ord. Entrepôt public (suppression de la succursale de l'). Transfert de l'entrepôt du tabac........................... 1002

1881 Ses. ord. Entrepôt des spiritueux à Chandernagor (bail d'une maison destinée à servier d'). 357

Etalonnage.

1881 Ses. ord. Etalonnage (élévation du tarif du droit d') à Karikal........................... 185

1881 Ses. ord. Etalonnage (augmentation de la prévision du droit d')...................... 253

Etangs.

1872 Ses. ord. Etang d'Oussoudou (reconstruction d'une partie du vieux mur de revêtement du grand).................... 262

1873 Ses. ord. Etang (distribution des eaux du grand) pour les champs.................... 78

1873 Ses. ord. Etang de Bahour (échange des terres comprises dans le canal du petit)... 241

1873 Ses. ord. Etang d'Oussoudou (curage du grand). 200

1874 Ses. ord. Etangs (nomination d'une commission chargée d'étudier les questions se rattachant à la culture dans les)....... 100

Etang d'Oussoudou (au sujet du grand).. 150

Etang dit des tisserands à Karikal (au sujet de l')........................... 212

1876 Ses. ord. Etang d'Oussoudou (rapport du chef du service des ponts et chaussées sur les irrigations par le canal de Souttoukany et le grand)..................... 192

Etang d'Oussoudou (au sujet du mode de distribution des eaux du grand)... 191

Etang d'Oussoudou (au sujet de la demande d'une écluse à l') pour l'irrigation des terres d'Oulgaret........... 201

1876 Ses. ord. Etangs (proposition d'établir un règlement obligeant les propriétaires à creuser les) à une distance de 3 mètres au moins des voies de communication............................. 230

Etang d'Archivack (curage de l'). Travail voté à l'occasion de la disette...... 621

Etang d'Olandé (curage du grand). Travail voté à l'occasion de la disette...... 621
Etang de Caléry (curage de l'). Travail voté à l'occasion de la disette...... 622
Etang de Counitchampett (curage de l'). Travail voté à l'occasion de la disette.. 622
Etang de Bahour (curage du grand). Travail voté à l'occasion de la disette... 622
Etang de Corcadou (curage de l'). Travail voté à l'occasion de la disette...... 622
1877 Ses. ord. Etang à Yanaon (au sujet de la demande de subvention pour travaux de curage d').. 94
Etang de Laldiguy (demande de crédit pour la clôture de l')................ 139
1879 Ses. ext. Etang d'Oussoudou (travaux à exécuter au grand) afin d'arriver à une meilleure répartition des eaux de ce réservoir.............................. 73, 127
1879 Ses ext. Etang à Chandernagor (au sujet du curage de l').............................. 128
1880 Ses. ord. Etang d'Archivack (travaux à l')........ 327
1881 Ses. ord. Etangs de Corcadou et d'Emballom (discussion au sujet du classement des). 555

Etat civil.

1873. Ses. ord. Etat civil des indiens (au sujet du vœu du Conseil local tendant à transférer l') dans la ville noire.................. 175
1877 Ses. ord. Etat civil (vœu tendant à donner au premier écrivain de l') le titre d'adjoint à l'officier de l'état civil............ 57

Excédents.

1876 Ses. ord. Excédent des recettes versé à Pondichéry par la Dépendance de Chandernagor (discussion au sujet de l'). 43 47
1876 Ses. ord. Excédent des recettes provenant de l'adjudication des licences pour la vente des spiritueux (proposition d'affecter l') à titre de subvention spéciale à la municipalité de Chandernagor pour l'éclairage de la ville...... 38

1877 Ses. ord. Excédent des recettes au sujet du vœu du Conseil local (tendant à allouer à Karikal la moitié de l') sur les dépenses de cet Etablissement..... 65, 76
1878 Ses. ord. Excédent des recettes générales de la colonie (fixation de la part à allouer à chaque Dépendance sur l')........... 186

Excursion.

1872 Ses. ord. Excursion scientifique dans l'intérieur de la péninsule (demande d'un subside pour une)........................ 284

Exonérations.

1872 Ses. ord. Exonération des droits en faveur des grains exportés par mer............ 287
1876 Ses. ord. Exonération des droits sanitaires de phare et de tonnage accordée aux navires venant faire leur lest. 121, 122
1876 Ses. ord. Exonération des droits de tonnage (vœu tendant à l') en faveur des navires qui viendront débarquer du riz à Pondichéry........................... 623
1879 Ses. ord. Exonération des droits de tonnage (vœu tendant à l') en faveur des navires à voiles qui importeraient ou exporteraient de Pondichéry des fractions de chargements inférieurs à 15 tonneaux...................... 548 à 561
1880 Ses. ord. Exonération des droits de tonnage et de manifeste en faveur des bateaux à vapeur faisant un service régulier (au sujet de l')............. 255 à 283
1881 Ses. ord. Exonération d'impôt à accorder aux détenteurs des terres à concessions à Yanaon (discussion au sujet de l') 58 à 67

Exportation.

1872 Ses. ord. Exportation (libre) des grains nourriciers............................ 299
1873 Ses. ord. Exportation des grains (au sujet de l').. 250
1874 Ses. ord. Exportation des grains nourriciers (au sujet du vœu du Conseil tendant à la libre)............................ 124

Expropriation.

1872 Ses. ord. — Expropriation forcée des immeubles par le domaine (modification à apporter au mode suivi pour l'). 310
1880 Ses. ord. — Expropriation (jury d'). 77, 377
1881 Ses. ord. — Expropriation (jury). 118

Famine. (Voir disette.)

Fermes.

1873 Ses. ord. — Ferme de Ghaudouny à Chandernagor (au sujet du produit de la). 28
1878 Ses. ord. — Ferme (mise en) de l'île Iskitippah. . . . 25
1878 Ses. ord. — Ferme du passage de Gondolpora. Vœu du Conseil local de Chandernagor tendant à attribuer ce revenu au service municipal. . . . . 73, 92 à 95
1879 Ses. ord. — Ferme du passage de Gondolpora (au sujet de la). 63
1880 Ses. ord. — Ferme de terres domaniales (Cahier des charges relatif à la) à Yanaon. 233
1881 Ses. ord. — Ferme des revenus de Goretty (Au sujet de la). Vœu du Conseil local de Chandernagor tendant à laisser ces revenus à la municipalité. 214

Fête nationale.

1881 Ses. ord. — Fête nationale (le soin de la) doit être laissé à la municipalité du chef-lieu de chaque Etablissement. 312
1881 Ses. ord. — Fête nationale (retrait de la proposition relative à la). 512

Filatures.

1874 Ses. ord. — Filatures (délibération au sujet de la prime à la sortie à accorder aux produits des). . . . . 105 à 115
1875 Ses. ext. — Filatures (communication d'une dépêche ministérielle accordant une subvention de 100,000 fr. pour la concession d'une prime à la sortie en

faveur des produits des). Discussion. 224 à 229

1879 Ses. ext. Filature Savana (Discussion au sujet de la demande du directeur de la) tendant à obtenir la concession d'un terrain du parc colonial. 42 à 47

1880 Ses. ord. Filatures (au sujet du contrôleur des). Proposition de le supprimer. Repoussé. 301, 303

Foire.

1879 Ses. ord. Foire hebdomadaire à l'aldée de Talaterou (Exposé des motifs d'une création de). 1022

Fonds communs.

1872 Ses. ord. Fonds commun des districts (budget du). 56

1872 Ses. ord. Fonds commun des districts (discussion relative à la demande du) tendant à obtenir un conducteur des ponts et chaussées pour l'exécution de ses travaux. 62, 69

1873 Ses. ord. Fonds commun (observation du Gouverneur au sujet de la rédaction des procès-verbaux du comité du). 61 à 72

Fonds commun (réponse de l'ingénieur colonial aux observations du comité du). 66

Fonds commun (au sujet des attributions du conducteur des ponts et chaussées chargé des travaux du). 66

Fonds commun (explication du chef du service des contributions sur les observations du). 67

Fonds commun (au sujet de la demande du) d'un agent voyer spécial. 80

Fonds commun (au sujet des frais alloués au conducteur des ponts et chaussées chargé des travaux du). 80

Fonds commun (observations et propositions relatives au conducteur des ponts et chaussées attaché au). 80, 83

Fonds commun (au sujet des plantations du). 73, 86

1874 Ses. ord. Fonds commun des districts (proposition de vente aux habitants de Calapeth d'une partie de terrain appartenant au)........................ 178
Fonds commun (présentation des comptes de 1873 du) et du service municipal des établissements secondaires....... 184
Fonds commun des districts (présentation des comptes de 1873 du) et du service municipal de Pondichéry..... 188
1875 Ses. ord. Fonds commun (proposition d'examiner l'organisation du)................... 116
1876 Ses. ord. Fonds commun (observation au sujet de plantations entretenues par le). 228 à 130
1878 Ses. ord. Fonds commun (vote de principe d'une subvention au)........................ 38
1878 Ses. ord. Fonds commun de Karikal (vote des travaux en faveur de l'agriculture demandés par le comité du)... 192
1878 Ses. ord. Fonds commun (l'entretien du canal de Souttoukany est retiré au)........... 259
1879 Ses. ext. Fonds commun (le service des ponts et chaussées est chargé du plan de campagne du)............................ 132
1879 Ses. ord. Fonds commun (au sujet du vœu du Conseil local de Karikal tendant à faire rentrer à la caisse du) la prime dont bénéficient les capteurs...... 781
1880 Ses. ord. Fonds commun (observations au sujet de la non exécution des travaux du). 48

Fontaine.

1875 Ses. ord. Fontaine (construction d'une à l'angle des rues du grand bazar et de Villenour................................ 82

Fournitures de bureau.

1872 Ses. ord. Fournitures de bureau (discussion relative au mode de délivrance des). 175, 230
1873 Ses. ord. Fournitures de bureau (au sujet de la délivrances des)...................... 169

Fourrières.

1873 Ses. ord. Fourrière à Chandernagor (prévision pour frais d'entretien de la)....... 50

Fourrière (prévision pour la nourriture des chiens mis en)................ 59
Fourrière (au sujet du terrain pour la).. 232
1874 Ses. ext. Fourrière de Pondichéry (vote d'un crédit pour la)........................ 23
1874 Ses. ord. Fourrière des chiens (transfert de la fourrière des animaux à la)........ 148

Frais de bureau.

1875 Ses. ord. Frais de bureau au Procureur général. 56
1878 Ses. ord. Frais de bureau au Procureur général (augmentation des)................ 227
1879 Ses. ord. Frais de bureau du greffier-notaire à Mahé (au sujet du rétablissement des). 96
1879 Ses. ord. Frais de bureau alloués aux greffiers de la Cour, du tribunal, de la justice de paix et au juge d'instruction (rétablissement des)........................ 729
1879 Ses. ord. Frais de bureau alloués au Procureur général (Discussion au sujet des).... 671
1880 Ses. ord. Frais de bureau du parquet général (au sujet des). Maintien de la prévision administrative. Motion du rapporteur de la commission du budget à ce sujet........................ 274, 284
1881 Ses. ord. Frais de bureau et frais d'écrivain du parquet du Procureur général (discussion relative à l'augmentation des). 464

Frais de justice.

1872 Ses. ord. Frais de justice (abandon des) aux fonds municipaux.................. 80 93
1880 Ses. ord. Frais de justice (au sujet du dégrèvement des) demandé par Samatton Kristaya. Motion du Conseil à ce sujet.............................. 421, 424

Frais de séjour et de voyage.

1879 Ses. ord. Frais de séjour et de voyage des conseillers généraux des Dépendances reportés au budget du chef-lieu................ 101, 148, 197, 317

Frais de route et de passage.

1881 Ses. ord. Frais de route et de passage (rejet de l'augmentation du crédit des)........ 328

1881 Ses. ord. Frais de route et de passage (observation au sujet des).................. 478

1881 Ses. ord. Frais de route et de passage (vœu relatif aux économies à faire sur les dépenses des)........................... 515

Frais de tournées.

1880 Ses. ord. Frais de tournées aux conducteurs des ponts et chaussées chargés des routes et des plantations (proposition d'allouer des)....................... 307

Gendarmerie. (Voir police.)

Glacière.

1875 Ses. ord. Glace (subvention à M. Toyon pour la fabrication de la).................. 108

1879 Ses. ord. Glace (au sujet de la demande de subvention pour la fabrication de la).... 161

1879 Ses. ord. Glacière (observation au sujet de la subvention pour une)................. 947

Godavéry.

1874 Ses. ord. Godavéry (au sujet de la construction d'une digue pour prévenir les débordements du)........................ 63

1875 Ses. ord. Godavéry (demande de renseignements au sujet de la digue projetée l'année dernière pour prévenir les débordements du)......................... 34

Gonge.

1872 Ses. ord. Gonge (discussion relative au vœu du Conseil local de Chandernagor tendant à faire abandon au service municipal de la recette provenant de la location des arcades du bazar du). 83 à 89

1873 Ses. ord. Gonge (maintien au budget local de la recette provenant de la location des arcades du bazar du)............ 29

1875 Ses. ord. Gonge (proposition de transférer du service local au service municipal le pro-

duit de la location des arcades du bazar du) et du droit de Choudouny... 126

Goretty.

1873 Ses. ord. Goretty (Chandernagor) (droits à percevoir sur les marchandises vendues à). 1627
1880 Ses. ord. Goretty (au sujet de la forme des revenus de)........................ 233
1881 Ses. ord. Goretty (proposition de laisser à la municipalité les revenus de)........... 214

Gouvernement.

1875 Ses. ord. Gouvernement (vote d'un crédit à l'effet de changer le matériel d'éclairage de l'hôtel du)........................ 59
1876 Ses. ord. Gouvernement des Etablissements français (projet de loi modifiant l'ordonnance royale du 23 juillet 1840 concernant le). Discussion........ 473 à 603

Grains. (Voir riz.)

1872 Ses. ord. Grains nourriciers (libre exportation des)........................ 299
1873 Ses. ord. Grains (au sujet du droit de mesurage des)........................ 104
1873 Ses. ord. Grains (au sujet de l'exportation des).. 250
1874 Ses. ord. Grains nourriciers (au sujet du vœu du Conseil local tendant à la libre exportation des)........................ 124
1874 Ses. ord. Grains (rejet du vœu du Conseil local de Yanaon tendant au rétablissement en ferme du mesurage des)............ 180
1876 Ses. ord. Grains à Karikal (droit de mesurage à la sortie des)........................ 74
1876 Ses. ord. Grains nourriciers (au sujet de la suppression du droit de pier frappé sur les) Maintien de ce droit. 109 à 112, 120
1876 Ses. ord. Grains (prime à l'introduction des) à Pondichéry........................ 614
1877 Ses. ord. Grains (augmentation de la prévision du droit de mesurage à la sortie des) à Karikal........................ 40
1879 Ses. ord. Grains (proposition d'élever le droit de mesurage sur les). Adopté..... 833, 877

Gratification.

1876 Ses. ord. Gratification extraordinaire (allocation aux employés de l'Administration d'un supplément égal à un mois de solde à titre de) à cause de la disette........ 624

Greffe, greffiers.

1872 Ses. ord. Greffiers (frais de remises des)........ 156

1872 Ses. ord. Greffier malabar du tribunal (vœu du Conseil local tendant à baisser la solde du). Rejet de ce vœu.......... 170, 181

1873 Ses. ord. Greffe (discussion au sujet du droit de). 89

1879 Ses. ext. Greffiers malabars (modification au tarif des honoraires des). Exposé des motifs. Rapport du Procureur général. Projet d'arrêté. Discussion. 50, 54, 57, 58

1879 Ses. ord. Greffier-notaire à Mahé (au sujet du rétablissement des frais du bureau du). 96

1879 Ses. ord. Greffiers malabars de la Cour et du tribunal de première instance (rétablissement des)................ 710 à 722

1879 Ses. ord. Greffiers de la Cour, du tribunal et de la justice de paix (rétablissement des frais de bureau alloués aux) et au juge d'instruction.................. 722 à 729

1879 Ses. ord. Greffier de la justice de paix (rétablissement des frais de service alloués au). 732

1880 Ses. ord. Greffe (au sujet du droit de) à Pondichéry........................ 254 à 376

1880 Ses. ord. Greffier (exposé des motifs concernant l'extension à la justice de paix de Chandernagor de l'arrêté du 22 février 1869 sur la perception de certains droits de) à Pondichéry et à Karikal. 377

Guinées.

1879 Ses. ord. Guinées (question des). Exposé des motifs. Rapport de la commission. Rapport de la Chambre de commerce. Discussion.................. 1058 à 1065

1880 Ses. ord. Guinées (vœu de M. Rassendren au sujet de la constatation de l'origine des). 437

Hangars.

1872 Ses. ord. Hangars (construction de) pour abriter les marchandises importées........ 30

Herbes.

1872 Ses. ord. Herbes (mise en adjudication de la coupe des) sur les places publiques........ 14

Hôpital.

1872 Ses. ord. Hôpital (création d'un dispensaire à l')........................ 255, 292
1873 Ses. ord. Hôpital (achat d'un terrain appartenant aux héritiers de M. Godefroy destiné à l'agrandissement de l')............ 207
1874 Ses. ext. Hôpital-hospice de Chandernagor (rejet de la demande de subvention pour l'). 27
1874 Ses. ord. Hôpital-hospice de Chandernagor (ajournement de la concession d'une subvention à l')................. 30, 34
1874 Ses. ord. Hôpital (communication d'une dépêche ministérielle relative aux dépenses de l')........................ 81
1874 Ses. ord. Hôpital (discussion relative à la subvention à payer à la métropole à titre de remboursement pour la quote-part de la colonie dans les frais généraux d'). Prélèvement de cette subvantion sur la caisse de réserve...... 162 à 172, 173
1875 Ses. ord. Hôpital (au sujet du vœu du Conseil local tendant à une étude spéciale du service de l')........................ 57
1875 Ses. ord. Hôpital (observation de M. Hecquet au sujet des dépenses de l')............ 67
1876 Ses. ord. Hôpital à Chandernagor (au sujet de la demande de création d'un)..... 131 à 136
1876 Ses. ord. Hôpital (au sujet de la solde de l'officier du commissariat chargé du service de l')...................... 125 à 131
1877 Ses. ord. Hôpital à Chandernagor (au sujet du vœu du Conseil local de Chandernagor relatif à la création d'un). Subvention de 30,000 fr. au comité de bienfaisance de Chandernagor pour l'entretien de 10 lits)............ 130, 132

1879 Ses. ord. Hôpital (au sujet du personnel médical de l') de Karikal.................... 210
1879 Ses. ord. Hôpital actuel de Karikal (au sujet du transfert de l') dans un local plus spacieux. Discussion.......... 213 à 219
1881 Ses. ord. Hôpital de Karikal (transfert de l'). Rapport de la commission tendant au maintien du *statu quo*. Adoption de ce rapport.......................... 90 à 95
1881 Ses. ord. Hôpital (augmentation du nombre des journées de malades à l') Karikal. 306, 308
1881 Ses. ord. Hôpital (bail à loyer du local affecté à l') et à la pharmacie à Karikal.......... 621

(Voir : Maison de santé, officier de santé, service de santé.)

Horloges.

1874 Ses. ord. Horloge (achat d'une) pour l'église de Mahé.............................. 55, 56
1878 Ses. ord. Horloge du Grand Bazar (autorisation d'intenter une action judiciaire contre l'exécuteur testamentaire de Diagoumodéliar afin de faire entretenir au compte de la succession la tour de l'). 281
1879 Ses. ord. Horloge du Grand Bazar (communication d'une pétition demandant la mise en adjudication de l'entretien de l') et des pendules des divers services.. 806
1879 Ses. ord. Horloge du Grand Bazar (au sujet de l'entretien de la tour de l'). Procès intenté à l'exécuteur testamentaire de la succession Diagoumodéliar. Gagné. Maintien de la prévision............ 848
1881 Horloges et pendules des bureaux (suppression de la prévision de 1,000 fr. pour frais d'entretien des)........... 515

Hospice-hôpital.

1874 Ses. ext. Hospice-hôpital de Chandernagor (rejet de la demande de subvention pour l')................................ 27
1874 Ses. ord. Hospice-hôpital de Chandernagor (ajournement de la concession d'une

subvention pour la création de l')........................ 30 à 34

1875 Ses. ord. Hospice-hôpital à Chandernagor (au sujet de la demande de création d'un)...................... 131 à 136

1878 Ses. ord. Hospice-hôpital (au sujet du vœu du Conseil local relatif à la concession de la plaine de Laldiguy au comité de bienfaisance en vue de la création d'un).......................... 94

1879 Ses. ord. Hospice-hôpital de Chandernagor (motion de M. Margain au sujet de l'). Vote d'une subvention de 30,000 fr. à prélever sur la caisse de réserve. 1,049 1055

1880 Ses. ord. Hospice-hôpital (vœu de M. Margain au sujet de l')...................... 372

Hôtel de ville.

1872 Ses. ord. Hôtel de ville (mobilier de l')......... 277

1881 Ses. ord. Hôtel de ville (vote au sujet du logement du concierge de l')............ 570

Huiles.

1878 Ses. ord. Huile de poisson à Mahé (au sujet de la fabrication de l')................ 69

1878 Ses. ord. Huiles et produits récoltés français (au sujet du droit de certificat d'origine sur les)............................ 174

Huissiers.

1872 Ses. ord. Huissier du Conseil d'administration (augmentation du supplément alloué à l')................................ 173

1872 Ses. ord. Huissier de la justice de paix (suppression du traitement fixe alloué à l'). 185 228

1879 Ses. ord. Huissiers audienciers de la Cour (rétablissement du traitement des) et de l'huissier du cabinet d'instruction............................ 722 à 729

Hypothèques.

1873 Ses. ord. Hypothèques (au sujet des revenus du conservateur des)..................... 182

1874 Ses. ord. Hypothèques (organisation de la conservation des)........................ 202

Iles.

1878 Sés. ord. Ile d'Iskitippah (mise en ferme de l'). . . 25

1880 Ses. ord. Ile de Boro (motion de M. Margain tendant à donner à la commune de Chandernagor la propriété de l')......... 233

1881 Ses. ord. Ile située à Boro (au sujet de la location d'une)........................ 214

Impôts.

1872 Ses. ord. Impôt (acceptation de la réduction de l') des salines........................ 80 93

Impôt. Observations relatives aux immunités attachées aux concessions de terres à Yanaon........................ 106

Impôt sur les terres à salines.......... 238

1873 Ses. ord. Impôt foncier à Karikal (vœu de M. Hecquet tendant à la révision de l')... 17

Impôt sur les terres à salines.......... 88

1874 Ses. ord. Impôt sur les charrettes à Karikal (ajournement du vote de l')............... 40

1874 Ses. ord. Impôt (au sujet des remises temporaires d') aux cultivateurs............ 120, 122

Impôt sur les arbres fruitiers à Mahé (augmentation de l')................ 127

Impôts (au sujet des frais de recouvrement d')........................ 161

Impôts (recommandation du Gouvernement au sujet de la concession des dégrèvements d')................ 161

1875 Ses. ord. Impôt (observation au sujet de la prévision inscrite pour surcroît d') provenant de la conversion des terres à menus grains en terres à nellys à Yanaon........................ 115

1876 Ses. ord. Impôt des terres d'Adivipolam et de France-Tippah (au sujet de l'abaissement de l')........................ 24

1878 Ses. ord. Impôt foncier à Yanaon (observation au sujet de la diminution des recettes provenant de l')................ 25

1879 Ses. ord. Impôt (M. Bayol demande de mettre à la disposition du Conseil les procès-verbaux de la commission chargée, en 1865, de la révision de l'assiette de l') 112

1879 Ses. ord. Impôt (au sujet du vœu du Conseil local de Yanaon tendant à la nomination d'une commission destinée à déterminer le moment à partir duquel les terres à pâturage doivent être soumises à l') 128

1879 Ses. ord. Impôt foncier sur les terres à salines à Karikal (observation au sujet de l') .. 181

1879 Ses. ord. Impôt sur les terres à salines (au sujet de l') 546

1879 Ses. ord. Impôt (proposition de désigner les membres devant faire partie de la commission chargée d'étudier la révision de l'assiette de l'). Désignation de ces membres 1087, 1126

1879 Ses. ord. Impôt des terres domaniales (pétition de divers habitants de Yanaon réclamant contre l'). Discussion .... 1108 à 1114

1881 Ses. ord. Impôt (discussion au sujet de l'exemption d') à accorder aux détenteurs des terres à concession à Yanaon. 58 à 67

1881 Ses. ord. Impôt foncier (exposé des motifs concernant la question de l') et des terres domaniales à Yanaon. Rapport de la commission. Ajournement de l'examen de cette question 96, 98, 625

1881 Ses. ord. Impôt foncier (motion de M. Duchamp tendant à demander le retrait de la remise de 10 p. 0/0 sur l'). Discussion et rejet de cette motion 610

Voir cote foncière.

Imprimerie.

1872 Ses. ord. Imprimerie (refus de l'augmentation de solde en faveur d'agents de l') 240

1876 Ses. ord. Imprimerie (remaniement du service de l') 149

1878 Ses. ord. Imprimerie (observation au sujet des dépenses de l') 255

1881 Ses. ord. Imprimerie (discussion relative aux dépenses de l'). Renvoi de cette question à la commission du budget pour un nouvel examen. 498, 500

1881 Ses. ord. Imprimerie (discussion au sujet du service de l'). Augmentation de la solde du sous-chef d'). . . . . 509 à 511

Incompatibilité.

1872 Ses. ord. Incompatibilité des fonctions de juge de paix et de directeur de la police. 220

Incomplets.

1881 Ses. ord. Incomplets (déduction de 1 fr. 50 cent. pour les) sur les dépenses du personnel. Observation du chef du 3e bureau à ce sujet. . . . . 56 à 72

Indemnités.

1872 Ses. ord. Indemnité allouée au commissaire du Gouvernement près de l'émigration (mise au compte des colonies intéressées de l'). 143

1872 Ses. ord. Indemnité allouée à l'officier du commissariat chargé de la surveillance du Mont-de-Piété (discussion relative à l'). 245

1874 Ses. ord. Indemnité de logement au régisseur (au sujet de l'). 101

1878 Ses. ord. Indemnité de responsabilité à l'officier de santé de la Grande-Aldée. 122

1879 Ses. ord. Indemnité (vœu tendant à accorder une) au juge de paix de Mahé. 878

1881 Ses. ord. Indemnité de 600 fr. (proposition de M. Douressamy tendant à accorder une) aux agents du service des contributions à Karikal licenciés pour suppression d'emploi. 314

1881 Ses. ord. Indemnité à payer aux présidents et secrétaires des collèges électoraux (discussion au sujet de l'). Renvoi à l'Administration. 559, 563

Inondation.

1872 Ses. ord. Inondation (au sujet de l'évaluation des pertes occasionnées par les). 279, 338

Inspecteur d'académie.

1879 Ses. ext. Inspecteur d'académie (vœu relatif à l'envoi d'un) dans la colonie. Vote d'un crédit demandé par l'Administration pour faire face aux dépenses de l'inspecteur .... 154 à 159

Inspecteur primaire.

1881 Ses. ord. Inspecteur des écoles primaires (proposition relative à la création d'un emploi d') .... 272 à 275

Interpellations.

1879 Ses. ord. Interpellation de M. Bayol sur les élections du 13 avril 1879.......... 26 à 30

1881 Ses. ord. Interpellation de M. Gallois-Montbrun au sujet du vœu relatif à la modification de la constitution locale......... 26

1881 Ses. ord. Interpellation de M. Gaudart au sujet de la décision autorisant le Procureur général pour soutenir la discussion des dotations communales.............. 221

Interprètes.

1878 Ses. ord. Interprète (au sujet de la création d'un nouvel emploi d'élève) au tribunal. Projet de réorganisation des corps des interprètes. Proposition de créer des emplois d'interprète de bengali et de Maléalum.............. 225, 227, 228

1879 Ses. ord. Interprète du comité de jurisprudence indienne (au sujet de l')........... 681

1880 Ses. ord. Interprètes (dépôt du projet de réorganisation du service des) et son renvoi à l'Administration pour être complété.. 285

1881 Ses. ord. Interprète privé du Directeur de l'intérieur (suppression de la solde de l').. 480

Instruction publique.

1872 Ses. ord. Instruction publique (pétition proposant diverses dispositions au sujet de l'). 304 329

1879 Ses. ord. Instruction publique (la délibération du budget de l') échappe à la compétence du Conseil général.................. 130

1879 Ses. ord. Instruction publique (proposition tendant au développement de l') dans les campagnes. Réformes réalisées dans ses services........................ 657 665

1879 Ses. ord. Instruction publique (communication d'une dépêche ministérielle au sujet du droit qui appartient au Conseil général dans les questions de l')........ 998

1880 Ses. ord. Instruction publique (au sujet du vœu du Conseil local tendant au développement de l') dans les campagnes..... 269

1881 Ses. ord. Instruction publique (observation de la commission au sujet des dépenses de l')........................ 447

Instruments aratoires.

1881 Ses. ord. Instruments aratoires (discussion relative au perfectionnement des). Renvoi de la question à la prochaine séance. Prime pour encouragement. 529. 531, 532

Irrigations.

1876 Ses. ord. Irrigations (rapport du chef du service des ponts et chaussées sur les) par le canal de Souttoukény et le grand étang d'Oussoudou................. 192

1876 Ses. ord. Irrigation des terres d'Oulgaret (au sujet de la demande d'une écluse spéciale à l'étang d'Oussoudou pour l').. 201

1877 Ses. ord. Irrigation (travaux à exécuter aux canaux d')........................ 189

1881 Ses. ord. Irrigation (motion de M. Gaudart relative au classement de canaux d'). Adoption........................ 398, 402

1881 Ses. ord. Irrigation (discussion au sujet du classement des canaux d') de Karikal. Motion de M. Gaudart. Maintien du *statu quo*................. 403, 407, 408

Jardins.

1874 Ses. ord. Jardins publics (demande d'augmentation du crédit affecté aux)........... 169

1875 Ses. ord. Jardin public (observation de M. Hecquet au sujet de la vente des

produits du). Révision des tarifs de vente.................. 48, 49

1876 Ses. ord. Jardin d'acclimatation (augmentation de la prévision des produits du) et du parc colonial.................. 122

1876 Ses. ord. Jardins publics (observations au sujet de l'entretien des).............. 148

1876 Ses. ord. Jardin public (obligation au service des ponts et chaussées et à celui du fonds commun de s'adresser au) pour obtenir les plants qui leur sont nécesaires. 148

1878 Ses. ord. Jardin d'acclimatation (installation d'un laboratoire d'analyse agricole au)... 260

1878 Ses. ord. Jardins coloniaux (mise à la disposition de la commission des) d'une somme de 1,000 fr. pour les essais de culture. 260

1879 Ses. ord. Jardins coloniaux (au sujet des). Explications relatives aux puits artésiens du jardin d'acclimatation........ 782, 784

Joncans.

1881 Ses. ord. Joncans (motion de M. Hecquet tendant à étendre la zone des). Renvoi à la prochaine session avec prière à l'Administration de présenter un travail complet sur cette affaire........ 618, 634

Juges de paix.

1879 Ses. ord. Juges de paix de Mahé et de Yanaon (vœu tendant à accorder une indemnité aux)........................ 878

1880 Ses. ord. Juges de paix de Mahé et de Yanaon (dépêche ministérielle au sujet du vœu tendant à augmenter le traitement des)........................ 24

Jury.

1880 Ses. ord. Jury d'expropriation.............. 77, 377

1881 Ses. ord. Jury d'expropriation.............. 118

Justice.

1879 Ses. ord. Justice de paix (au sujet des frais de matériel du service de la).... 670 à 709

1879 Ses. ord. Justice (rétablissement des frais de personnel de la) dans les Dépendances sur les bases du budget de 1879 734

1881 Ses. ord. Justice (observation au sujet des dépenses du matériel de la) à Mahé.... 200

Laboratoires.

1872 Ses. ord. Laboratoire de chimie au collège colonial (création d'un)............ 304

1878 Ses. ord. Laboratoire d'analyse agricole au jardin d'acclimatation (installation d'un).... 260

Laldiguy.

1878 Ses. ord. Laldiguy (au sujet du vœu du Conseil local de Chandernagor relatif à la concession de la plaine de) au comité de bienfaisance en vue de la création d'un hospice-hôpital................... 94

Législation pénale. *(Voir Code pénal.)*

Legs.

1873 Ses. ord. Legs Baslieu, Conway et Desbassyns de Richemont (observations au sujet des). 174

1875 Ses. ord. Legs Soupprayapoullé (exposé des motifs concernant le)............... 145

1878 Ses. ord. Legs Soupprayapoullé (proposition de prendre l'avis du Conseil local sur la question du). Rejet de cette proposition......................... 214, 218

1879 Ses. ext. Legs Soupprayapoullé (achat de terrains pour l'exécution du)............. 64

1880 Ses. ord. Legs Soupprayapoullé (au sujet des revenus du)....................... 272

Lettre.

1881 Ses. ord. Lettre du président du Conseil au Ministre au sujet de la rente de l'Inde (lecture de la) et de la réponse du Ministre.................. 348, 351

Licences.

1872 Ses. ord. Licences pour le débit du callou (discussion relative au droit de). Rejet du vœu

du Conseil local tendant à l'abrogation de la mise en adjudication publique du placement des licences pour le débit du callou à Pondichéry et à Karikal.......... 22 à 27

1873 Ses. ord. Licences pour le débit du callou (au sujet des).......... 93 à 101

1876 Ses. ord. Licence (discussion au sujet de la suppression du droit de) sur la culture du tabac. Maintien de ce droit.......... 38

1878 Ses. ord. Licences pour le débit du callou (au sujet du droit de).......... 8, 16

1881 Ses. ord. Licences des spiritueux à Karikal (rapport de la commission sur le produit des).......... 180

1881 Ses. ord. Licences (discussion au sujet de la prévision du droit de) à la culture du bétel à Karikal.......... 182

1881 Ses. ord. Licences (ajournement du vote de la prévision des droits de) pour la vente du tabac à Mahé.......... 192

Livres.

1874 Ses. ord. Livres (achat de) pour la Cour.......... 131

1877 Ses. ord. Livres destinés aux tribunaux de Mahé (inscription d'un crédit pour l'achat de).......... 25

1879 Ses. ord. Livres (observations au sujet de l'achat de) pour le comité de jurisprudence indienne.......... 688

1879 Ses. ord. Livres (propositions de faire venir reliés les) pour la bibliothèque.......... 791

1880 Ses. ord. Livres (au sujet de l'augmentation de crédit demandée pour achat de) pour la bibliothèque du tribunal de Mahé. 182

1881 Ses. ord. Livres et autres objets (vœu du Conseil général tendant à autoriser l'Administration locale à faire directement en France la commande de) dont la réception ne peut souffrir de retard.......... 407

Location.

1872 Ses. ord. Location de terrains dépendant de la magnanerie.......... 228

1874 Ses. ord. Location de terrains promboocs appartenant à l'Etat dans les districts de Pondichéry........................ 177
1878 Ses. ord. Location de divers terrains domaniaux situés dans les districts de Pondichéry et de Villenour.................... 16
1878 Ses. ord. Location d'un nouvel entrepôt pour les spiritueux à Karikal................ 128
1879 Ses. ord. Location (exposé des motifs d'une modification proposée au cahier de charges de la) pour neuf ans de divers terrains domaniaux.................. 1,019
1879 Ses. ord. Location d'un terrain situé à Villenour sur le parcours de la voie ferrée, en vue d'y établir une boulangerie (exposé des motifs de la)................ 1,021
1880 Ses. ord. Location des carrés du parc colonial (exposé des motifs concernant la mise en). Cahier des charges.......... 73, 74
1881 Ses. ord. Location d'une île située à Boro (au sujet de la)........................ 214
1881 Ses. ord. Location d'un immeuble appartenant à la colonie (exposé des motifs relatif à la). Adoption du cahier des charges de cette location.................. 355
1881 Ses. ord. Location du chantier aux bois (maintien au chiffre de 1881 du prix de la).... 600

Lods et ventes.

1876 Ses. ord. Lods et ventes (observation au sujet du droit de)........................ 254
1879 Ses. ord. Lods et ventes (vœu de M. Margain tendant à l'uniformité des droits de) dans toutes les Dépendances.............. 297
1880 Ses. ord. Lods et ventes à Chandernagor (proposition de réduire le droit de). Remise de l'étude de cette question à la commission des impôts................... 229
1881 Ses. ord. Lods et ventes (vœu de M. Rassendren au sujet de la réduction du droit de) à Chandernagor................ 210 211

Loges.

1874 Ses. ext. Loge de Surate (au sujet de la situation de la)........................ 128

1879 Ses. ord. Loge de Surate (au sujet du produit de la)........................ 88

1879 Ses. ord. Loge de Mazulipatam (au sujet des vœux du Conseil local de Yanaon tendant à la dénonciation de la convention avec le Gouvernement Anglais au sujet de l'interdiction de la fabrication des spiritueux dans la) et à la mise en adjudication des palmiers et des terres en friches de cette même loge. 132

1879 Ses. ord. Loges de Dacca et de Balassor (au sujet des)........................ 308

1880 Ses. ord. Loge de Surate (au sujet du produit de la)........................ 178

1881 Ses. ord. Loge de Mazulipatam (exposé des motifs relatif au fermage de terres en friches de la). Approbation.......... 353, 354

Logements.

1881 Ses. ord. Logement de l'armurier (au sujet du local affecté au)................ 434

1881 Ses. ord. Logement du concierge de l'hôtel de ville (vote au sujet du).................. 570

1881 Ses. ord. Logement des prisonniers (exposé des motifs relatif au transfert du) à l'hospice des aliénés. Le Conseil repousse le transfert et maintient le *statu quo*........................ 623, 624

Loi.

1876 Ses. ord. Loi modifiant l'ordonnance royale de 1840 concernant le Gouvernement des Établissements français dans l'Inde (projet de). Discussion. . 473 à 603

Louage.

1880 Ses. ord. Louage (motion de M. Chanemougam au sujet du contrat de)........... 436

Macouas.

1876 Ses. ord. Macouas (organisation d'une caisse de secours mutuels au profit des). . 605 à 610

1879 Ses. ord. Macouas (explication sur l'institution de la caisse des). Proposition de réduire

de moitié la taxe en faveur de cette caisse. Rejet. . . . . 527 à 533

Magistrats.

1880 Ses. ord. Magistrats (rapport de la commission chargée de préparer un projet d'arrêté relatif au transport des) en matière criminelle. Projet d'arrêté. Ajournement de ce projet 382, 396, 481

Maison de correction.

1878 Ses. ord. Maison de correction (observations au sujet de l'agrandissement de la). 282

Maison de santé.

1877 Ses. ord. Maison de santé à Chandernagor (subvention au comité de bienfaisance pour l'entretien de 10 lits dans la). 132
1878 Ses. ord. Maison de santé à Chandernagor (augmentation de la subvention pour la . . . 81
1880 Ses. ord. Maison de santé à Chandernagor ; (augmentation de la subvention pour la). . . 24

Voir hôpital.

Mandats poste.

1876 Ses. ord. Mandats poste (vœu relatif au rétablissement des). 172
1878 Ses. ord. Mandats poste (au sujet du droit de 1 0/0 sur les). 7

Matériel.

1879 Ses. ord. Matériel du service de la justice (au sujet des frais de). Discussion. . . . . . 670 à 709
1881 Ses. ord. Matériel de la justice de Mahé (observation au sujet des dépenses du). 200

Médecins.

1873 Ses. ord. Médecin en chef (réclamation adressée par le) au sujet des services médicaux. . . . . 179 à 181
1876 Ses. ord. Médecins civils (proposition de rayer du budget l'allocation payée aux). 136
1876 Ses. ord. Médecins de la marine de Chandernagor et de Karikal (demande de supplément en faveur des). 137

1879 Ses. ext. Médecins (modification du tarif des honoraires des). Exposé des motifs. Rapport du procureur général. Projet d'arrêté. Discussion........ 50, 51, 53, 58
1879 Ses. ord. Médecin de 1re classe de la marine (demande d'un) pour Karikal........ 219
1881 Ses. ord. Médecin chargé de constater les décès (au sujet de la création d'un emploi de). Renvoi à la prochaine session....... 601

Médicaments.

1873 Ses. ord. Médicaments (Observation au sujet de l'achat des) à Karikal.............. 167
1876 Ses. ord. Médicaments (au sujet de la création d'un dépôt de) dans la ville noire et dans les districts de Villenour et de Bahour...................... 132, 134
1879 Ses. ord. Médicaments (au sujet de l'uniformité des tarifs des).................. 135
1877 Ses. ord. Médicaments (création d'un dépôt de) à la Grande-Aldée.................. 59
1879 Ses. ord. Médicaments (augmentation de la prévision pour achat de) à Mahé........ 105
1879 Ses. ord. Médicaments (remise sur le produit de la vente des)..................... 761
1880 Ses ord.. Médicaments (augmentation de la prévision des recettes provenant du remboursement du prix de cession des). 369

Mesurage.

1873 Ses. ord. Mesurage des grains (au sujet du droit de). 104
1874 Ses. ord. Mesurage des grains (rejet du vœu du Conseil local de Yanaon tendant au rétablissement en ferme du)....... 180
1876 Ses. ord. Mesurage (augmentation de la prévision du droit de) à la sortie des grains à Karikal........................ 74
1877 Ses. ord. Mesurage à la sortie des grains à Karikal (augmentation de la prévision de droit de)........................ 40
1877 Ses ord.. Mesurage à Yanaon (modification au tarif du droit de)................ 96

1879 Ses. ord. Mesurage (proposition d'élever le droit de) sur les grains 833

Mesures.

1876 Ses. ord. Mesures de longueur (création de deux nouvelles) pour les marchands de bois 116

Mont de piété.

1872 Ses. ord. Mont de piété (discussion relative à l'indemnité allouée à l'officier du commissariat chargé de la surveillance du) 247

1872 Ses. ord. Mont de piété au sujet de la demande de la création d'un) à Karikal 287

1879 Ses. ord. Mont de piété à Yanaon (vœu tendant à la création d'une succursale au) 164

1879 Ses. ord. Mont de piété (au sujet d'une lettre du directeur de la banque de l'Indo-Chine relative au) 585

1879 Ses. ord. Mont de piété (pétition de la banque de l'Indo-Chine demandant la suppression du) ou l'augmentation du taux de l'intérêt qu'il perçoit. Discussion. Suppression conditionnelle. 1118. 1124

1880 Ses. ord. Mont de piété (observation au sujet du produit des intérêts du capital prêté au). 264

1881 Ses. ord. Mont de piété (au sujet de la création d'une succursale du) dans les dépendances 272

1881 Ses. ord. Mont de piété (au sujet du vœu relatif à la création d'une succursale du) dans les dépendances 380

1881 Ses. ord. Mont de piété (explications fournies par le chef du 3e bureau au sujet des intérêts du capital prêté au) 256

1881 Ses. ord. Mont de piété (discussion au sujet du supplément accordé au fonctionnaire chargé de la surveillance du). 501

Monuments historiques.

1879 Ses. ord. Monuments historiques (Au sujet de l'entretien des). Vote d'une prévision de 5,000 fr. 817, 823

1880 Ses. ord. Monuments historiques (au sujet de l'entretien des). Motion tendant à fixer la catégorie dans laquelle entrent les mosquées........................ 315

Mosquées.

1880 Ses. ord. Mosquées (motion tendant à déterminer si les) entrent dans la catégorie des monuments historiques............ 315

Moullah.

1881 Ses. ord. Moullah pour la réception des serments à la justice de paix de Karikal (Création d'un emploi de)............ 278

1881 Ses. ord. Moullah (Discussion relative à la suppression des emplois de brame et de) chargés de la prestation des serments. Renvoi de cette question à la prochaine session........... 460, 463

Municipalités.

1873 Ses. ord. Municipalité de Chandernagor (Subventions faites à divers par la)......... 50

1876 Ses. ord. Municipalité de Chandernagor (Proposition d'affecter l'excédent des recettes provenant de l'adjudication des licences pour la vente des spiritueux à titre de subvention spéciale à la) pour l'éclairage de la ville............... 38

1876 Ses. ord. Municipalité de Chandernagor (Au sujet du neuvième du produit de la vente du sel à attribuer à la)............ 47

1876 Ses. ord. Municipalité (au sujet du vœu relatif à la subvention accordée à la) par le service local pour le comité de bienfaisance à Chandernagor........... 60

1878 Ses. ord. Municipalité de Chandernagor (Suppression de la subvention à la)...... 80

1879 Ses. ord. Municipalité (Projet relatif à l'organisation des). Exposé des motifs. Opinions de divers membres sur cette institution. Ajournement de l'étude de ce projet. Explication des votes de plusieurs membres contre la création

des municipalités. Proposition de M. Ponnoutamby tendant à prier l'Administration de mettre à la disposition du conseil général les renseignements financiers pour qu'il puisse délibérer aussitôt sur le projet des municipalités. Désignation d'une commission chargée de s'occuper du travail préparatoire.......................... 212

1879 Ses. ord. Municipalités (Observations au sujet de la fixation de l'ordre du jour des)... 175

1879 Ses. ord. Municipalités (Examen de la question des). Rapport de la commission chargée de la préparation des projets des budgets municipaux. Discussion. Vote au scrutin secret en faveur de l'institution........ 349, 358, 364, à 433, 435

1879 Ses. ord. Municipalités. Motion de Ponnoutamby. Rejet........... 437, 439

— Motion de M. Margain. Renvoi......... 439, 441

1879 Ses. ord. Municipalités (Projet de décret sur l'organisation des). Discussion. Composition du corps municipal, des maires et des adjoints. Assemblée des conseils municipaux. Des attributions municipales; des attributions des conseillers municipaux. Des dépenses et recettes des budgets des communes. Des actions judiciaires et des transactions. Comptabilité des communes. Des intérêts qui concernent plusieurs communes. Des intérêts qui concernent une ou plusieurs aldées. Dispositions diverses. Adoption du projet.. 441, 448, 450, 456, 459, 471, 475, 483, 495, 497, 498, 503, 504, 512.

Voir Communes.

Natarvaïkal.

1881 Ses. ord. Natarvaïkal (inscription d'une somme de 4,000 fr. pour le curage du) à Karikal. 547

Numérotage.

1874 Ses. ord. Numérotage des voitures (au sujet du). 97

Officiers de santé.

1876 Ses. ord. Officiers de santé (fixation d'une échelle de traitement pour les)......... 12 à 15
1876 Ses. ord. Officier de santé (création d'un poste d') à la Grande-Aldée, Karikal...... 79
1876 Ses. ord. Officiers de santé (organisation du corps des)............................ 81
1876 Ses. ord. Officier de santé (proposition de déléguer un) pour donner des consultations gratuites dans la ville noire... 132
1878 Ses. ord. Officier de santé de la Grande-Aldée (indemnité de responsabilité à l').... 122
1879 Ses. ord. Officier de santé faisant fonctions d'agent sanitaire.................. 755
1879 Ses. ord. Officiers de santé de Villenour et de Bahour (vote d'un crédit pour solder deux hommes de peine aux)... 757, 760
1880 Ses. ord. Officier de santé d'Oulgaret (au sujet de l'). Frais de déplacement et indemnité de responsabilité............. 290, 293
1881 Ses. ord. Officier de santé à Nédouncadou (discussion relative à la création d'un emploi d')................... 300 à 308
1881 Ses. ord. Officier de santé chargé du service des prisons (discussion concernant la solde de l')................ 471 à 475

Opium.

1873 Ses. ord. Opium à Chandernagor (au sujet de l'adjudication pour la cession du privilège concernant l'achat de 300 caisses d')........................ 16, 27
1879 Ses. ord. Opium (discussion au sujet de la diminution du prix de la cession de 300 caisses d')............... 301 à 307, 345
1880 Ses. ord. Opium (au sujet de la cession de 300 caisses d')...................... 231
1881 Ses. ord. Opium (exposé des motifs concernant la vente de l') à Pondichéry, Karikal et Mahé. Rapport. Projet de décret.

Adoption par le Conseil dudit décret avec l'insertion de la clause relative à l'admission des circonstances atténuantes................ 156, 157, 158

1881 Ses. ord. Opium (au sujet du prix de la cession du privilège pour achat de 300 caisses d'). Ancien résultat de l'adjudication. Réduction de la prévision......... 212

Ordonnateur.

1872 Ses. ord. Ordonnateur (supplément de traitement à l')............................ 201

Pacage.

1873 Ses. ord. Pacage (au sujet du)............... 87

1874 Ses. ord. Pacage dans les aldées (au sujet du service du)............................ 183

1876 Ses. ord. Pacage (au sujet des terres à)........ 233

1878 Ses. ord. Pacage dans les aldées de trois districts de Pondichéry (exposé des motifs relatif au)............................ 17

Palais de justice.

1872 Ses. ord. Palais de justice (au sujet du vœu relatif à la construction d'un) à Karikal.... 286

1876 Ses. ord. Palais de justice à Karikal (adoption du projet de construction d'un)........ 82

1878 Ses. ord. Palais de justice à Karikal (modification au plan de construction du)........ 139

1879 Ses. ord. Palais de justice de Karikal (au sujet des modifications dans les travaux du). Discussion.................. 236 à 257

1881 Ses. ord. Palais de justice (observation au sujet du logement du concierge du) à Karikal............................ 335

Parc colonial.

1878 Ses. ord. Parc colonial (construction d'une conduite d'eau pour employer à l'irrigation du) les eaux provenant du puits artésien de la filature Savana....... 296

1879 Ses. ext. Parc colonial (discussion au sujet de la demande du directeur de la filature *Savana* tendant à obtenir la concession d'un terrain du)......... 42, 47

1880 Ses. ord. Parc colonial (exposé des motifs concernant la mise en location des carrés du). Cahier des charges....... 73 à 74

Passage.

1880 Ses. ord. Passage (concession de). Inscription d'une somme de 2,000 fr. pour passage pour Saïgon aux enfants Laude. 55

Passagers.

1373 Ses. ord. Passagers pour les côtes de l'est (au sujet des)......................... 37 à 39

Passeports.

1872 Ses. ord. Passeports (discussion relative aux taxes sur les)..... .... 94, 98

1873 Ses. ord. Passeports (observations de M. Hecquet au sujet de la prévision pour le coût des) à Karikal................ 36, 38

1877 Ses. ord. Passeports (au sujet de l'élévation du droit sur les)............... 15, 17, 39

1878 Ses. ord. Passeports délivrés par la police (au sujet de la prévision de la taxe sur les). 105

1881 Ses. ord. Passeports (discussion au sujet de la prévision de la taxe des) à Karikal. Vote de cet article réservé.... 183, 185

1881 Ses. ord Passeports (le droit sur les) est étendu aux émigrants à destination des Antilles et de la Réunion et est supporté par les colonies destinataires....... 253

Passerelle.

1876 Ses. ord. Passerelle sur le réservoir de Nellatour (au sujet de la construction d'une). 91 à 95

Patentes.

1875 Ses. ord. Patentes pour la vente du callou (nouveau mode de délivrance des)........... 6

Péage.

1877 Ses. ord. Péage (au sujet du vœu du Conseil local de Karikal relatif à la création d'un droit de). Discussion.... 65 à 76

1878 Ses. ord. Péage (au sujet de la création d'un droit de) sur les principales routes de Karikal..... 98

1881 Ses. ord. Péage (ajournement du droit de) à Mahé..... 365, 371, 372

Péage. (Voir charrette.)

Pêche.

1881 Ses. ord. Pêche (rejet de la taxe sur le filet de) à Mahé..... 363, 365

Pensions.

1872 Ses. ord. Pension de retraite aux officiers indiens des cipahis..... 269

1872 Ses. ord. Pension des officiers indiens à leurs veuves, etc. (au sujet de la)..... 209

1874 Ses. ord. Pensions des officiers indigènes des cipahis (vœu de M. Hecquet tendant à faire payer les) par la caisse des invalides de la marine..... 138

1876 Ses. ord. Pensions, secours (proposition de fixer le chiffre maximum des) à Pondichéry et dans les Dépendances..... 152, 154

1879 Ses. ord. Pension de deux officiers indigènes des cipahis (au sujet de la). Discussion. Proposition de la faire payer par la caisse des invalides de la marine. 650, 656

1879 Ses. ord. Pensions (transfert des prévisions budgétaires obligatoires pour les) aux dépenses facultatives..... 884, 888

1879 Ses. ord. Pensions de retraités (vœu au sujet des). Résolution de fixer à 25 ans la durée des années de services..... 1127, 1130

1880 Ses. ord. Pensions de retraite (dépêche ministérielle au sujet du vœu concernant les). 24

Pétitions.

1872 Ses. ord. Pétitions (résolution de principes à l'égard des)..... 12

1872 Ses. ord. Pétitions (rapport sur les)..... 314

1873 Ses. ord. Pétitions (rapport sur les)..... 244

1874 Ses. ord. Pétitions (rapport sur les)............ 214

1875 Ses. ord. Pétitions (rapport sur les)............ 154

1876 Ses. ord. Pétitions (rapport sur les)........ 266, 603

1877 Ses. ord. Pétitions (rapport sur les)............ 207

1878 Ses. ord. Pétitions renvoyées à l'Administration par les assemblées électives pendant la session de 1877 (suite donnée aux). 310

1878 Ses ord. Pétitions (rapport sur les)............ 327

1879 Ses. ord Pétitions (rapport sur les)............ 1089

1880 Ses. ord. Pétitions (rapport sur les)............ 417

1881 Ses. ord. Pétitions (rapport sur les)............ 555

Pharmacie.

1873 Ses. ord. Pharmacie (vœu au sujet de la)........ 191

1876 Ses. ord. Pharmacie civile (au sujet de la demande de création d'une)................ 133

1879 Ses. ord. Pharmacie (remise de 6 p. 0/0 accordée aux élèves et employés de la)........ 761

Pier.

1876 Ses. ord. Pier (au sujet de la suppression du droit de) frappé sur les grains nourriciers. Maintien de ce droit à Pondichéry................ 120, 109 à 112

1877 Ses ext. Pier (allongement du) à Pondichéry.. 6, 7

1879 Ses. ext. Pier (communication d'une dépêche ministérielle relative au chemin de fer de Pondichéry et au prolongement du).......................... 162

1881 Ses. ord. Pier (au sujet de l'achat d'une grue mobile pour le service du).......... 522

Physique.

1876 Ses. ord. Physique (acquisition d'une maison pour l'installation d'un cabinet de) et de chimie.......................... 210 à 215

Places.

1874 Ses. ord. Place d'Odiensallé (nivellement de la).. 149
1876 Ses. ord. Place d'Odiensallé (au sujet de la création d'un réservoir sur la)......... 180
1881 Ses. ord. Places du Gouvernement et de la Pharmacie à Pondichéry (discussion relative aux). Maintien de ces places dans la dotation communale. La place de Karikal est rattachée à cette commune.................... 412 à 417
1881 Ses. ord. Place Napoléon III (changement de désignation de la).................. 435

Plages.

1880 Plages de la mer (demande de concession des) pour y faire des plantations. 380

Plan.

1881 Plan cadastral de Chandernagor (observation au sujet du)................ 327

Plans de campagne.

1872 Ses. ord. Plan de campagne des travaux à Pondichéry............................ 250
1873 Ses. ord. Plan de campagne du service municipal de Chandernagor, plan de campagne supplémentaire............ 47, 48
Plan de campagne du service local, Pondichéry........................ 194
Plan de campagne du service local, Karikal.......................... 154
1874 Ses. ord. Plan de campagne de Karikal.... 47 à 53
Plan de campagne du service local.... 145
1875 Ses. ord: Plan de campagne du service local de Karikal........................ 22
Plan de campagne de Yanaon........ 32
Plan de campagne de Mahé............ 38
Plan de campagne du service local de Pondichéry.................. 71. 88
Plan de campagne du service municipal de Chandernagor.............. 121

1876 Ses. ord. Plan de campagne de Mahé.......... 17
Plan de campagne du service local de Chandernagor.................... 54
Plan de campagne du service municipal de Chandernagor................. 55
Plan de campagne du service local de Karikal....................... 82, 90
Plan de campagne du service local de Pondichéry.................. 174, 205
Plan de campagne du fonds commun de Pondichéry....................... 219
1877 Ses. ord. Plan de campagne de Mahé.......... 31
Plan de campagne de Karikal..... 59, 76
Plan de campagne du service local de Chandernagor.................... 134
Plan de campagne du service municipal de Chandernagor................. 141
Plan de campagne du service local de Pondichéry....................... 177
Plan de campagne du fonds commun de Pondichéry....................... 189
1878 Ses. ord. Plan de campagne de Mahé........... 59
Plan de campagne de Chandernagor... 86
Plan de campagne de Karikal........ 131
Plan de campagne du service local de Pondichéry, relevé du montant des ressources qui pourront être appliquées à ce plan de campagne....... 277
1879 Ses. ext. Plan de campagne du fonds commun (le service des ponts et chaussées est chargé du)........................ 132
1879 Ses. ord. Plan de campagne de Yanaon......... 155
Plan de campagne du service local de Karikal..................... 230, 258
Plan de campagne de Chandernagor. 331, 436
Plan de campagne du service local de Pondichéry....................... 834
Plan de campagne du fonds commun des districts de Pondichéry.............. 974

Plan de campagne du fonds commun de Karikal.......................... 981
Plan de campagne du service municipal de Chandernagor.................... 997
1880 Ses. ord. Plan de campagne de Yanaon......... 171
1880 Ses. ord. Plan de campagne de Mahé............ 186
Plan de campagne de Karikal......... 218
Plan de campagne de Chandernagor... 248
Plan de campagne du service local de Pondichéry.................... 319, 341
1881 Ses. ord. Plan de campagne de Yanaon......... 81
Plan de campagne de Mahé............ 206
Plan de campagne de Karikal......... 333
Plan de campagne de Chandernagor... 341
Plan de campagne de Pondichéry..... 517

Plantations.

1872 Ses. ord. Plantations (vœu de M. Hecquet relatif aux) des abords de toutes les routes du territoire........................ 33
1872 Ses. ord. Plantations (vœu de M. Hecquet tendant à appeler le botaniste agriculteur à se prononcer sur la nature des terrains destinés aux)................... 253
1873 Ses. ord. Plantations du fonds commun (au sujet des)............................ 73, 86
1873 Ses. ord. Plantations des routes, rues, places, etc. (nomination d'une commission pour étudier le développement des)........ 196
1875 Ses. ord. Plantations des routes, rues, etc. (observation de M. Hecquet au sujet des)... 76
1876 Ses. ord. Plantations entretenues par le fonds commun (observation au sujet des). 228 à 230
1879 Ses. ord. Plantations (communication d'une pétition tendant au rétablissement du service des). Explications fournies par l'Administration.................. 964
1880 Ses. ord. Plantations (demande de concession de plages de la mer pour y faire des)... 380

Police.

1872 Ses. ord. Police (discussion relative au service de la). Incompatibilité des fonctions de juge de paix et de directeur de la police........................ 215, 227

1873 Ses. ord. Police civile (refus de l'augmentation de crédit demandée par le service de la)........................ 185, 195, 220

1874 Ses. ord. Police à Karikal (demande d'augmentation du personnel de la). Ajournement........................ 45, 47

Police (au sujet de la réorganisation de la). Discussion................ 135, à 141

Police (transfert de la fourrière des animaux de la) à la fourrière des chiens.. 148

1875 Ses. ord. Police (réorganisation du service de la). 61

1877 Ses. ord. Police à Villenour (observation au sujet de la maison louée pour le service de la)........................ 145

1878 Ses. ord. Police à Chandernagor (augmentation du crédit de la) en vue d'un meilleur recrutement........................ 188, 191

1878 Ses. ord. Police à Chandernagor au sujet des veilleurs de nuit........................ 240

1879 Ses. ord. Police (observations au sujet de l'augmentation attribuée au commissaire de) faisant fonctions de ministère public à Mahé........................ 93

1879 Ses. ord. Police (au sujet de la réorganisation du service de la)........................ 666

1880 Ses. ord. Police (réorganisation du service de la) à Pondichéry. Exposé des motifs. Rapport de la commission. Amendement de MM. Chanemougom et Bayol.................. 98, 101 à 109

Police à Yanaon (réorganisation du service de la). Adoption du cadre proposé........................ 164, 165

Police à Karikal (réorganisation du service de la)............ 201, à 205

Police à Chandernagor (au sujet du service de la)........................ 239

Police (discussion du budget et de la).
.... 7

(Vœu relatif aux dépenses de la). Gendarmerie. 286, 288

1881 Police générale (Pondichéry). Discussion y relative. Proposition de réductions dans les dépenses de ce service. 450 à 454

1881 Ses. ord. Police (pétition relative au transfert au commissariat de) de Pondichéry du poste d'Oulgaret. Renvoi à l'Administration pour examen. 451, 453

1881 Ses. ord. Police d'Oulgaret (approbation du bail à loyer d'une maison destinée à servir de poste à la). 453

Pompe.

1875 Pompe à incendie (achat d'une). 87

Ponceaux.

1876 Ses. ord. Ponceau sur le chemin vicinal de Manavelipadé à Tiroucanjy (construction d'un). 221

1879 Ses. ord. Ponceau (construction d'un) à l'étang de Pérompétah. 160

Ponts.

1875 Ses. ord. Pont de l'Arselar (prolongement du mur de soutènement en aval du). 23

1876 Ses. ord. Pont de débarcadère (prolongement du). 106

1878 Ses. ord. Pont tournant à Karikal (discussion au sujet de la transformation du) en pont fixe. . . . . 133 à 138

Ponts et chaussées.

1872 Ses. ord. Ponts et chausées (discussion relative à la demande du fonds commun des districts tendant à obtenir un conducteur des) pour l'exécution de ces travaux. 62, 69

Ponts et chausées (au sujet des dépenses du personnel du service des). . . . 231, 240

Ponts et chaussées (suppression de la voiture à bœufs affectée au service des). 263

1873 Ses. ord. Ponts et chaussées (réponse de l'ingénieur colonial, chef du service des) aux observations du comité du fonds commun........................ 63
Ponts et chaussées (au sujet des attributions du conducteur des) chargé des travaux du fonds commun...... 67
Ponts et chaussées (au sujet des frais alloués au conducteur des) chargé des travaux du fonds commun...... 80
Ponts et chaussées (observations et proposition relative au conducteur des) attaché au fonds commun... 80, 83
1874 Ses. ord. Ponts et chaussées (réplique du chef du service des) au mémoire de M. Ponnoutambypoullé relative au barrage de Souttoukény.............. 70
Ponts et chaussées (supplément à accorder au conducteur des)...... 143, 144
1875 Ses. ord. Ponts et chau ées (au sujet de la nouvelle réglementation de solde du personnel des)........................ 62
1877 Ses. ord. Ponts et chaussées (création d'un emploi de conducteur auxiliaire des) à Karikal........................... 56
1877 Ses. ord. Ponts et chaussées (demande de création d'un emploi de conducteur auxiliaire des) faite par le Conseil local de Chandernagor.............. 110
1878 Ses. ord. Ponts et chaussées (ratification de la création d'un emploi de conducteur et rétablissement du traitement d'un agent secondaire des)................ 125
1878 Ses. ord. Ponts et chaussées de Karikal (création d'une petite bibliothèque pour le service des)......................... 194
1878 Ses. ord. Ponts et chaussées (observations au sujet du service des)........... 248, 251
1879 Ses. ext. Ponts et chaussées (le service des) est chargé du plan de campagne du fonds commun.................... 132
1880 Ses. ord. Ponts et chaussées (service des). Rapport de la commission. Demande de suppression de l'emploi du sous-

ingénieur. Motion de M. H. de Rozario.......................... 303, 307

Ponts et chaussées (proposition d'allouer des frais de tournées au conducteur des) chargé des routes et des plantations. Au sujet du cadre des conducteurs.......................... 307

1881 Ses. ord. — Ponts et chaussées (discussion au sujet de la suppression de l'emploi de sous-ingénieur et d'un conducteur auxiliaire de 1re classe. Amendement de M. Montbrun proposant la suppression d'un conducteur entretenu de 1re classe et d'un agent secondaire.................... 495, 497

Ports.

1872 Ses. ord. — Port (construction d'un bureau du) à Karikal.......................... 285

1873 Ses. ord. — Port (au sujet de la construction d'un bureau du) exclusivement consacré aux besoins du commerce..... 203, 225

1878 Ses. ord. — Port (discussion relative à la solde du capitaine de) à Pondichéry.... 233 à 236

1879 Ses. ord. — Port à Yanaon (vœu relatif au). Demande de suppression de la mise en douane des navires. Discussion............. 166

1879 Ses. ord. — Port à la Grande-Aldée (au sujet de la création d'un bureau du). Vote d'un crédit.......................... 202, 216

1881 Ses. ord. — Port de la Grande-Aldée (discussion au sujet des dépenses du bureau du). Maintien de ces dépenses...... 285 à 291

1881 Ses. ord. — Port de la Grande-Aldée (observations de la commission au sujet de la route conduisant au bureau du)........... 336

Poste.

1878 Ses. ord. — Poste (communication d'une note du service des contributions au sujet du service de la).................. 270

1880 Ses. ord. — Poste (observations au sujet de la) à Karikal.......................... 213

Poudres.

1876 Ses. ord. — Poudres à Mahé (au sujet de l'application d'un droit à l'introduction des).. 280, 282

Poursuites.

1873 Ses. ord. — Poursuite (autorisation d'intenter des) contre les anciens détenteurs du chantier aux bois........................ 241

1879 Ses. ord. — Poursuites (autorisation de) contre les héritiers du sieur de Laselle....... 1031

Prélèvement.

1874 Ses. ord. — Prélèvement sur la caisse de réserve de la somme destinée aux travaux du barrage de Souttoukény.......... 173

1874 Ses. ord. — Prélèvement sur la caisse de réserve de la subvention à payer à la métropole à titre de remboursement pour la quote-part de la colonie dans les frais généraux d'hôpital................. 173

1876 Ses. ord. — Prélèvement sur la caisse de réserve d'une somme de 15,000 fr. pour accorder des secours à l'occasion de la disette........................... 623

1880 Ses. ord. — Prélèvement sur la caisse de réserve de 5,000 fr. nécessaires aux réparations des dégâts occasionnés par le coup de vent du 21 novembre à Karikal et à Pondichéry...................... 52

Prestations.

1872 Ses. ord. — Prestation (discussion relative à la) accordée à Louis Bahou Prégassin. Vote du Conseil tendant à inscrire les dépenses de l'espèce aux dépenses facultatives. Proposition du Gouverneur de surseoir à l'application immédiate de ce vote. Adoption de cette proposition........................ 138

1872 Ses. ord. — Prestations en faveur des familles indigènes (imputation aux dépenses obligatoires des). Notices historiques les concernant................. 186 à 196

1872 Ses. ord. Prestations (classement en principe à la section des dépenses facultatives du montant des) en faveur de divers. . . . 133

Primes.

1873 Ses. ord. Prime pour la capture des chiens errants (réduction de la). 60

1874 Ses. ord. Prime à la sortie à accorder aux produits de filature (délibération au sujet de la). . . . . 105 à 115

1875 Ses. ext. Prime à la sortie en faveur des produits des filatures (communication d'une dépêche ministérielle accordant une subvention pour la concession d'une). Discussion . . . . 224 à 229

1876 Ses. ord. Prime à l'introduction des grains à Pondichéry 614

1878 Ses. ord. Prime pour la culture de la vanille. 65

1878 Ses. ord. Prime pour la propagation de la vaccine (augmentation de la). 263

1879 Ses. ord. Prime pour la culture de la vanille à Mahé (note d'un crédit pour) 109

Prime (au sujet du vœu du Conseil local de Karikal tendant à faire rentrer à la caisse du fonds commun la) dont bénéficient les capteurs. 981

1879 Ses. ord. Prime pour la traduction des chefs-d'œuvre tamouls et sanscrits. 982

1880 Ses. ord. Prime pour la propagation de la vaccine à Karikal (proposition d'inscrire une somme plus forte pour). 210

1881 Ses. ord. Prime pour l'encouragement du perfectionnement des instruments aratoires. 532

Prisons.

1872 Ses. ord. Prison générale (demande tendant à ce que les prisonniers pour dettes et contraventions de police ne soient pas soumis au régime alimentaire de la). 307

1881 Ses. ord. Prison de Karikal (augmentation de la solde du geôlier et de celle du guichetier de la). 282

1881 Ses. ord. Prisonniers (exposé des motifs au transfert du logement des) à l'hospice des aliénés. Le Conseil repousse le transfert et maintien le *statu quo*.... 623, 624

Procès-verbaux.

1879 Ses. ext. Procès-verbaux des séances du Conseil (la lecture des) doit être faite par le secrétaire élu)....................... 16

1879 Ses. ord. Procès-verbal du 17 décembre (observations complémentaires de M. Bayol sur le)........................... 493

1881 Ses. ord. Procès-verbal (observation au sujet de la lecture du dernier). Communication préalable au délégué de l'Administration) 190

1881 Ses. ord. Procès-verbal de la séance du 15 décembre matin (rectification faite sur la demande de M. Gaudart au)...... 222

1881 Ses. ord. Procès-verbal de la séance de 15 décembre soir (rectification demandée par M. Rassendren au). Observation de M. Chanemougom........... 223, 224

Puits.

1875 Ses. ord. Puits à Karikal (construction de deux). 23, 24

1876 Ses. ord. Puits destinés à l'alimentation de la population et à l'arrosage des cocotiers (construction à Yanaon de)..... 64

Puits artésiens.

1877 Ses. ext. Puits artésien (autorisation de faire venir un appareil de forage de)..... 13

1877 Ses. ord. Puits artésiens (M. Ch. Poulain demande de faire venir un sondeur de profession pour conduire les travaux du). Discussion.................... 179 à 183

1878 Ses. ord. Puits artésien (creusement d'un) près du collège Calvé. Discussion du Conseil confiant le travail à M. Ch. Poulain........................ 291, 294, 296

1878 Ses. ord. Puits artésien de la filature *Savana* (construction d'une conduite d'eau

pour employer à l'irrigation du parc
colonial les eaux provenant du)..... 296
1879 Puits artésiens (au sujet du forage des).
Ses. ext. Exposé des motifs. Discussion... 36, 42
1879 Puits artésien à Karikal (au sujet du
Ses. ord. creusement d'un)................. 263
1879 Puits artésien du jardin d'acclimatation
Ses. ord. (explications au sujet du)........... 784
1879 Puits artésiens (au sujet du forage de
Ses. ord. deux), dont l'un à Cattéry et l'autre à
Calapeth............................ 864
1880 Puits artésien à Ariancoupom (exposé
Ses. ord. des motifs concernant l'acquisition
d'une parcelle de terre nécessaire
pour le forage d'un)............... 73
1880 Puits artésien à Karikal (vote d'un cré-
Ses. ord. dit pour la continuation du forage
d'un)............................... 223
1880 Puits artésien d'Ariancoupom (construc-
Ses. ord. tion d'une fontaine sur le). Distribution
des eaux de ce puits......... 327, 330
1881 Puits artésien d'Ariancoupom (adjudica-
Ses. ord. tion des eaux perdues du). Cahier des
charges. Approbation... 103, 104 à 107
1881 Puits artésien de Karikal (discussion au
Ses. ord. sujet du)........................ 340

Quais.

1875 Quai (augmentation de la prévision des
Ses. ord. droits de) et de débarcadère......... 46
1877 Quai (création d'un droit de) sur les che-
Ses. ord. lingues à Karikal................ 16
1881 Quai (vote définitif du tarif du roit de)
Ses. ord. Karikal........................... 338
1881 Quai (augmentation de 25 p. 0/0 du droit
Ses. ord. de) à Pondichéry............... 600, 608

Recettes.

1876 Recettes (discussion au sujet de l'excé-
Ses. ord. dant de) versé à Pondichéry par la Dépendance de Chandernagor ... 43 à 47
1876 Recettes provenant de l'adjudication des
licences pour la vente des spiritueux
(proposition d'effectuer l'excédant
des) à titre de subvention spéciale à la

municipalité de Chandernagor pour l'éclairage de la ville.................. 38

1877 Ses. ord. Recettes (au sujet du vœu du Conseil local tendant à allouer à Karikal la moitié de l'excédant de) pour les dépenses de cet Etablissement..... 65, 76

1877 Ses. ord. Recettes (au sujet de l'observation du Conseil local de Chandernagor tendant à établir que la part des) de ce comptoir inscrite dans son budget pour les besoins du personnel et du matériel est insuffisante...... 100 à 108

1877 Ses. ord. Recettes (excédant de). Discussion sur les dépenses de Chandernagor affectées à l'amélioration de la solde du personnel de cet Etablissement...... 140

1878 Ses. ord. Recettes de Yanaon (proposition d'affecter les) à l'entretien des routes, au curage de l'étang.................. 43

1878 Ses. ord. Recettes générales de la colonie (fixation de la part à allouer à chaque Dépendance sur l'excédant des)....... 186

1879 Ses. ord. Recettes d'exercices clos (proposition d'augmenter les). Adopté...... 833, 877

Receveur.

1873 Ses. ord. Receveur de Chandernagor (fixation des remises au) et au trésorier-payeur... 49

Régisseur.

1874 Ses. ord. Régisseurs (au sujet des indemnités de logement aux)..................... 101

1877 Ses. ord. Régisseurs à Karikal (proposition d'augmentation de solde en faveur des). Discussion.............................. 52

Registres.

1881 Ses. ord. Registres (diminution du crédit pour fourniture de)...................... 512

Règlement intérieur.

1873 Ses. ord. Règlement intérieur (nomination de la commission chargée de préparer le). 3

Règlement intérieur (dépôt du projet de). 102

1874 Ses. ord. Règlement (contre projet de). Adoption. 11, 14

1879 Ses. ord. Règlement intérieur (désignation de la commission chargée de préparer le). Rapport de la commission. Projet de règlement. Discussion. . . . . 35, 43 à 65

1879 Ses. ord. Règlement intérieur (renvoi à la commission du) de la motion de M Guerre au sujet des votes acquis. Rapport de la commission. Discussion. Article additionnel. . . . . 66, 70, 116 à 165, 514

Regrets.

1881 Ses. ord. Regrets exprimés par le Conseil sur la mort de MM. Léon Margain et Albert Chatelier. 22

Remerciements.

1877 Ses. ord. Remerciements adressés à tous ceux qui ont contribué à soulager les infortunes résultant de la disette. 4, 7

1881 Ses. ord. Remerciements (note de) à M. le Procureur général. 435

Remises.

1873 Ses. ord. Remise au trésorier payeur sur les recettes du service local (au sujet de la). 224

1881 Ses. ord. Remises à accorder au trésorier-payeur (augmentation de chiffre des). 455

1881 Ses. ord. Remise de 10 p. 0/0 sur l'impôt foncier (motion de M. Duchamp tendant à demander le retrait de la). Discussion et rejet de cette motion. 610

1881 Ses. ord. Remise de 10 p. 0/0 sur la cote foncière (discussion au sujet de la). Maintien de cette remise. . . . . 227, à 247, 513

Renouvellement triennal.

1872 Ses. ord. Renouvellement triennal des membres du Conseil colonial. 9

1879 Ses. ord. Renouvellement triennal des membres du Conseil général. 23

Rentes.

1872 Ses. ord. Rentes sur l'état au profit de la colonie. 55

1872 Ses. ord. Rento viagère à Nobaraine Dache..... 119

1873 Ses. ord. Rente sur l'Etat (motion relative au placement de 50,000 fr. en)........ 234

1874 Ses. ord. Rente sur l'Etat (le vote relatif au placement de fonds en) est rapporté........ 29

1878 Ses. ord. Rente de l'Inde (subvention de 100,000 fr. au prélèvement sur la) accordée par la Métrople..................... 196

1879 Ses. ord. Rentes sur l'Etat au profit de la colonie (au sujet des fonds appartenant aux propriétaires des salines et qui ont servi à l'achat de). Discussion. 592 à 618

1879 Ses. ord. Rente de l'Inde. Discussion. Proposition de demande au Ministre de la Marine que la vente de l'Inde soit abandonnée à la colonie à partir de 1880... 621 à 637

1880 Ses. ord. Rente de l'Inde (dépêche ministérielle au sujet du vœu relatif à la)......... 24

1880 Ses. ord. Rente de l'Inde (vœu au sujet de la). 350 à 366

1881 Ses. ord. Rente de l'Inde (examen de la question de la). Adoption d'un vœu proposé par la commission.................. 635 à 640

Réservoirs.

1876 Ses. ord. Réservoir du grand bazar. Etude de substitution aux robinets actuels des robinets à pompes..................... 180

Réservoir sur la place d'Odiensallé (au sujet de la création d'un)........... 180

Réservoir de Coupom (construction d'une écluse sur la digue est de l'ancien)......................... 223, à 226

Revendication.

1880 Ses. ord. Revendication (exposé des motifs d'une) faite devant les tribunaux d'une parcelle de terre domaniale indûment vendue par autorité de justice......... 68

Riz.

1876 Ses. ord. Riz à Cuddalor (au sujet de l'introduction du)................................ 112

1876 Riz (exonération du droit de tonnage et de manifeste en faveur des navires qui viendraient débarquer du) à Pondichéry... 623

Routes.

1872 Ses. ord. Route d'Hattecolla (mise à l'étude des travaux de rétablissement de la)...... 130

1873 Ses. ord. Routes de Tirnoular et de Nédouncadou (réparations à faire aux)........ 145, 150

1873 Ses. ord. Routes du territoire (au sujet de la largeur des) et de l'emploi de pierrites de fer.............................. 195

1874 Ses. ord. Routes de Karikal (pourparler avec l'ingénieur pour le rétablissement du fonds commun des)................ 40

1875 Ses. ord. Route de Nagour (au sujet de l'empierrement de la) par contribution votée par la municipalité de Négapatam..... 25

1875 Ses. ord. Routes (observation de M. Hecquet au sujet des plantations des).......... 76

1876 Ses. ord. Routes à Chandernagor (au sujet de l'entretien des)...................... 58

1876 Ses. ord. Route de Nagour (acceptation de la subvention faite par la municipalité de Nagampatam pour l'entretien de la)........................ 75, 77, 84

1876 Ses. ord. Route de Péroumbé (construction d'un aqueduc sur la)................... 94

1877 Ses. ord. Routes (au sujet du vœu tendant à affecter la somme accordée pour travaux extraordinaires et non employée aux approvisionnements des matériaux nécessaires aux travaux des) à Karikal......................... .. 63

1877 Ses. ord. Route de Couloupoucour à Chandernagor (au sujet du chargement en brique de la) à Karikal................ 135, 138

1878 Ses. ord. Routes à Karikal (au sujet des travaux de). Mode d'empierrement. Difficulté de mettre ces travaux à l'entreprise dans l'Inde)........................ 141

1878 Ses. ord. Route de Couloupoucour à Chandernagor (empierrement du bout de la)........ 190

1879 Ses. ord. Routes à Yanaon (observation au sujet de la prévision pour l'empierrement des)........................... 157
1879 Ses. ord. Routes principales de Chandernagor (au sujet des travaux de réparation des)... 336
1880 Ses. ord. Route de Gondolpora à Chandernagor. Déclaration d'utilité publique........ 81
1881 Ses. ord. Route de Tirpapour (échange des terres pour le redressement de la). Discussion et ajournement de cette question. Concession d'une indemnité... 108, 111, 624
1881 Ses. ord. Routes (observations au sujet de la prévision inscrite au plan de campagne de Karikal pour l'empierrement des).. 336
1881 Ses. ord. Route conduisant au bureau du port de la Grande-Aldée (observations de la commission au sujet de la).......... 336
1881 Ses. ord. Route (mise en adjudication du transport des pierrailles)...............

Rues.

1872 Ses. ord. Rues (entretien des) et places de la ville.. 14
1872 Ses. ord. Rues (éclairage des).................... 15
1873 Ses. ord. Rues de Karikal (éclairage des principales)................................... 52
Rues de la ville (au sujet de la propreté des).................................... 59
Rues (arrosage des).................... 60
1874 Ses. ord. Rue des Vellajas (au sujet de l'assainissement de la)......................... 97
1876 Ses. ord. Rues de Karikal (au sujet de l'empierrement des)............................ 90
1879 Ses. ord. Rues et places de la ville (observations au sujet de l'éclairage des).......... 944
1881 Ses. ord. Rues (désignation des) qui doivent être considérées comme prolongement de la route de Valdaour............. 428

Sage-femme.

1877 Ses. ord. Sage-femme à Karikal (au sujet de la création d'un emploi de)........ 46, 49

Salines.

1872 Ses. ord. Salines (acceptation de la réduction de l'impôt des) de 32 à 25 p. 0/0....... 80

1872 Ses. ord. Salines (impôt sur les terres à)....... 21

1873 Ses. ord. Salines (impôt sur les terres à)......... 88

1873 Ses. ord. Salines (observations au sujet de l'impôt foncier sur les terres à)............ 88

1879 Ses. ord. Salines (au sujet de l'impôt sur les terres à)................................ 546

1879 Ses. ord. Salines (au sujet des fonds appartenant aux propriétaires des) et qui ont servi à l'achat de rentes sur l'Etat au profit de la colonie................. 592 à 618

Sauniers.

1873 Ses. ord. Sauniers (examen des réclamations des propriétaires)............ 69 à 80, 286

Secours.

1872 Ses. ord. Secours (au sujet de la révision de la liste des)........................... 270

1873 Ses. ord. Secours annuels et temporaires (au sujet de la concession de).......... 210 à 213

1874 Ses. ord. Secours renouvelables (doctrine relative à la concession de).......... 154 à 158

1876 Ses. ord. Secours. Proposition de fixer le chiffre maximum de prévision à Pondichery et dans les Dépendances............ 623

1878 Ses. ord. Secours annuels et temporaires (augmentation du chiffre des)........... 188

1879 Ses. ord. Secours (motion tendant à augmenter la somme inscrite pour) à Karikal. 888 à 895

Secrétariats.

1878 Ses. ord. Secrétariats des chefs de service des Etablissements secondaires (proposition de classer aux dépenses facultatives les dépenses du personnel des). Discussion..................... 20 à 34

1879 Ses. ord. Secrétariat du chef de service de Chandernagor (au sujet de l'augmentation du traitement du chef du)........... 311

1880 Ses. ord. Secrétariat du chef de service de Chandernagor (création d'un emploi de chef du)........................... 237
1881 Ses. ord. Secrétariat du chef de service de Chandernagor (fixation de la solde du chef du) à 4,000 francs.................. 317

Secrétaire.

1879 Ses. ord. Secrétaire élu (la lecture des procès-verbaux des séances du Conseil doit être faite par le)................... 16

Secrétaire-archiviste.

1878 Ses. ord. Secrétaire-archiviste (au sujet de la solde du)........................... 224

Secrétaire particulier.

1881 Ses. ord. Secrétaire particulier du Gouverneur (discussion au sujet de l'emploi de)......................... 438, 441

Secrétaire-rédacteur.

1879 Ses. ord. Secrétaire-rédacteur (observations au sujet de la nomination d'un fonctionnaire de la Direction de l'intérieur en qualité de)...................... 18

Sel.

1873 Ses. ord. Sel (au sujet du vœu du Conseil local de Pondichéry tendant à répartir l'excédent des recettes provenant de la vente du) entre les cultivateurs, les sauniers, le service municipal, celui du fonds commun et le droit sur le tabac.................... 24, 26
1876 Ses. ord. Sel (au sujet du neuvième du produit de la vente du) à attribuer au service municipal (Chandernagor)............ 47
1876 Ses. ord. Sel à Mahé (au sujet de l'augmentation du produit de la vente du).......... 520
1878 Ses. ord. Sel à Karikal (au sujet de la question du)............................. 130
1878 Ses. ord. Sel (observation au sujet du crédit pour l'achat et le transport du)........... 274

1879 Ses. ord. Sel (observation au sujet de la prévision des recettes provenant de la vente du) à Mahé........................ 85
" Sel (discussion relative à la question du) à Karikal.................... 75, 293
" Sel (au sujet du produit de la vente du). 563
" Sel (proposition d'augmenter la prévision pour le produit de la vente du). Adopté........................ 832, 877
1881 Ses. ord. Sel (rapport de la commission sur le produit de la vente du) à Karikal... 181

Serments.

1881 Ses. ord. Serments (création d'un emploi de brâhme et de moullah pour la réception des) à la justice de paix de Karikal. 278
1881 Ses. ord. Serments (discussions relatives à la suppression des emplois de brâhme et de moullah chargés de la prestation des). Renvoi de cette question à la prochaine session........................ 460, 463

Services médicaux.

1873 Ses. ord. Services médicaux (répartition des). 179 à 181
1881 Ses. ord. Service médical de Mahé et de Yanaon (prise en considération de la proposition de la commission tendant à ce que le budget colonial prenne à sa charge jusqu'à concurrence de 5,000 francs les dépenses du)........ 483, 485

Situation financière.

1874 Ses. ord. Situation financière de la colonie (au sujet de la)........................ 83
1876 Ses. ord. Situation financière de la colonie...... 174
1879 Ses. ord. Situation financière de la colonie. Exposé général........................ 73
1880 Situation financière (rapport de la commission du budget sur la). Vœu au sujet de la rente de l'Inde.... 350 à 366

Société.

1881 Ses. ord. Société d'agriculture (au sujet de la création d'une)............... 520, 531

Solde.

1872 Ses. ord. Solde (augmentation de) en faveur du personnel inférieur 204
Solde des officiers indigènes des cipahis (proposition de M. Hecquet tendant à mettre à la charge de la métropole la). Rejet de cette proposition 214
Solde (refus de l'augmentation de) en faveur des agents de l'imprimerie... 240
1874 Ses. ord. Solde (augmentations de) réservées à l'autorité et non aux conseils........ 44
1875 Ses. ord. Solde du personnel des ponts et chaussées (au sujet de la nouvelle réglementation de la).................... 62
1876 Ses. ord. Solde des employés subalternes de Chandernagor (au sujet de la)....... 48
1876 Ses. ord. Solde du secrétaire archiviste (au sujet de la)............................ 224
1877 Ses. ord. Solde (observation au sujet de la tendance qui se manifeste dans les divers services d'augmenter la) des employés. 45
1877 Ses. ord. Solde (proposition d'augmentation de) en faveur des régisseurs à Karikal. Discussion......................... 52
1877 Ses. ord. Solde (discussion au sujet de la demande d'augmentation de) en faveur du personnel de Chandernagor... 99, 140, 108
1878 Ses. ord. Solde (discussion au sujet des augmentations de) demandées en faveur du personnel de l'administration. Question de principe............... 107, 115
1878 Ses. ord. Solde du capitaine de port à Pondichéry (discussion relative à la)...... 233 à 236
1879 Ses. ord. Solde des officiers indigènes des cipahis (proposition de mettre à la charge de la métropole la).................. 781
1879 Ses. ord. Solde (vœu tendant à accorder un supplément de) aux juges de paix de Mahé et d'Yanaon................ 878
1880 Ses. ord. Solde (dépêche ministérielle au sujet du vœu tendant à accorder un supplément de) aux juges de paix de Mahé et d'Yanaon...................... 24
1881 Solde du chef du secrétariat du chef de

Ses. ord. service de Chandernagor fixée à 4,000 francs.......................... 317
1881 Solde de l'officier de santé chargé du
Ses. ord. service des prisons (discussion concernant la)..................... 471, 475

Souraires.

1881 Souraires (pétition adressée par les
Ses. ord. principaux) de Pondichéry tendant à obtenir le remplacement des cocotiers incultes sans augmentation de droit. Rapport de la commission des pétitions au sujet de la subtitution des licences au mode actuel de perception........................... 259

Souscriptions.

1875 Souscription pour la création du square
Ses. ord. Desbassyns de Richemond (autorisation d'une)..................... 43
1877 Souscription (demande de) à un ouvrage
Ses. ext. de M. Coutance intitulé ; *la Flore des Antilles*........................ 15
1878 Souscription aux frais d'érection d'une
Ses. ord. statue à M. Thiers................ 301

Spiritueux.

1873 Spiritueux à Chandernagor (droit sur
Ses. ord. l'introduction, la fabrication et la vente des)......................... 15
1873 Spiritueux (droit sur l'introduction, la
Ses. ord. fabrication et la vente des) à Karikal, Chandernagor, Mahé et Yanaon. 93, 101, 36, 32, 42 44
1874 Spiritueux à Chandernagor (au sujet du
Ses. ord. régime des)...................... 22
1876 Spiritueux (proposition d'affecter l'excé-
Ses. ord. dent des recettes provenant de l'adjudication des licences pour la vente des) à titre de subvention spéciale à la municipalité de Chandernagor pour l'éclairage de la ville............. 38
1878 Spiritueux à Karikal (location d'un nou-
Ses. ord. vel entrepôt pour les)............. 128

1870 Ses. ord. Spiritueux (au sujet de la convention intervenue avec le gouvernement anglais relative à l'interdiction de la fabrication des) dans la loge de Mazulipatam........................ 132

1881 Ses. ord. Spiritueux (rapport de la commission sur le produit des licences des) à Karikal. 180

1881 Ses. ord. Spiritueux (bail d'une maison destinée à servir d'entrepôt des) à Chandernagor. 357

Square.

1873 Ses. ord. Square Dupleix (au sujet du vœu du Conseil local tendant à confier le jardin du) au botaniste agriculteur..... 176

1875 Ses. ord. Square Desbassyns de Richemont (rapport de la commission des pétitions concernant la création du)...... 42, 43

Subsides. Subventions.

1872 Ses. ord. Subside (demande d'un) pour une excursion scientifique dans l'intérieur de la péninsule.......................... 284

1873 Ses. ord. Subside aux familles pour l'éducation de leurs enfants.......... 214 à 219 221

1873 Ses. ord. Subventions faites à divers par la municipalité de Chandernagor........... 50

1874 Ses. ext. Subvention au comité de bienfaisance de Chandernagor.................. 23

1874 Ses. ext. Subvention pour l'hospice hôpital de Chandernagor (rejet de la demande de)........................... 27

1874 Ses. ord. Subvention pour la création de l'hospice hôpital de Chandernagor (ajournement de la concession d'une).... 30, 34

1874 Ses. ord. Subvention à payer à la Métropole à titre de remboursement pour la quote-part de la colonie dans les frais généraux d'hôpital (discussion relative à la). Prélèvement de cette subvention sur la caisse de réserve......... 162 à 172, 173

1875 Ses. ext. Subvention de 100,000 fr. (communication d'une dépêche ministérielle accordant une) pour la concession d'une prime à la sortie en faveur des produits des filatures. Discussion.. 224 à 229

1875 Ses. ord. Subvention à M. Toyon pour la glacière. 108

1875 Ses. ord. Subvention au service municipal de Chandernagor (augmentation de la)..... 119

1876 Ses. ord. Subvention spéciale à la municipalité de Chandernagor (proposition d'affecter l'excédent de recettes provenant de l'adjudication des licences pour la vente des spiritueux à titre de)...... 38

1876 Ses. ord. Subvention accordée par la municipalité de Négapatam pour l'entretien de la route de Nagour (acceptation de la)........................ 75, 77, 96

1877 1re S. ext. Subvention de 100,000 fr. votée par les Chambres (exposé des motifs du projet de répartition de la) en ce qui concerne Pondichéry et Karikal........ 3

1877 Ses. ord. Subvention de 30,000 fr. au comité de bienfaisance de Chandernagor pour la création d'un hôpital. Discussion........................... 114, 130

1877 Ses. ord. Subvention de 4,000 fr. au comité de bienfaisance de Chandernagor pour l'entretien de 10 lits d'hôpital. 130 à 132

1877 Ses. ord. Subvention pour la fabrication de la glace (au sujet de la demande de) 161

1878 Ses. ord. Subvention au fonds commun (vote de principe d'une)..................... 38

1878 Ses. ord. Subvention à la municipalité de Chandernagor (suppression de la)........ 80

1878 Ses. ord. Subvention de 100,000 fr. à prélever sur la rente de l'Inde accordée par la Métropole........................... 196

1879 Ses. ord. Subvention au comité de bienfaisance de Karikal (vœu tendant à l'augmentation de la)..................... 227

1879 Ses ord. Subvention pour une glacière (observation au sujet de la)............. 947

1879 Ses. ord. Subvention de 30,000 fr. à prélever sur la caisse de réserve pour l'hospice hôpital de Chandernagor (vote d'une). 1055

1880 Ses. ord. Subvention au comité de bienfaisance de Karikal (vœu tendant au rétablissement de la) au chiffre de 12,000 fr. 208

1880 Ses. ord. Subvention pour la maison de santé à Chandernagor (augmentation de la)... 224

1880 Ses. ord. Subvention au comité de bienfaisance (vœu tendant au rétablissement de la) au même chiffre que celui de l'année en cours... 278

1880 Ses. ord. Subvention en faveur de la musique des cipahis (vote d'une)... 314

1880 Ses. ord. Subvention (demande de) pour l'exécution des travaux neufs dans la commune de Villenour... 314

1880 Ses. ord. Subvention au jeune Martine... 369

1881 Ses. ord. Subvention (discussion relative à la) à accorder à la religieuse chargée de l'enseignement de la fabrication de la dentelle... 503, 505, 602

Successions.

1878 Ses. ord. Succession Souprayapoullé (exposé des motifs concernant l'emploi des fonds provenant de la)... 18

1878 Ses. ord. Succession Souprayapoullé (proposition d'employer une partie des fonds disponibles de la) à l'acquisition ou la construction d'une maison destinée à servir d'hôtel du chef de service de Chandernagor... 77

1878 Ses. ord. Succession Souprayapoullé (examen de proposition de l'Administration concernant l'emploi des fonds provenant de la). Distribution de riz. Fixation du nombre de pauvres à nourrir sur la tombe de Védavallinatahiar. Plan de constructions à faire en exécution du testament... 196, à 211, 218. à 222, 229

Suppléments.

1876 Ses. ord Supplément égal à un mois de solde (allocation aux employés de l'Administration d'un) à titre de gratification extraordinaire à cause de la disette.. 624

1879 Supplément de solde aux juges de paix

Ses. ord. de Mahé et de Yanaon (vœu tendant à accorder un)..................... 878

1880 Ses. ord. Supplément de solde aux juges de Mahé et de Yanaon (dépêche ministérielle au sujet du vœu tendant à accorder un)............................. 24

1880 Ses. ord Supplément payé au commissaire d'émigration à Karikal (proposition de M. Gaudart au sujet du)............... 175

1881 Ses. ord. Supplément du commissaire d'émigration de Karikal (la somme inscrite aux recettes à divers titres pour le) est transférée aux recettes de cet Etablissement............................ 256

1881 Ses. ord. Supplément payé au commissaire d'émigration de Karikal (proposition de transférer à la IIe section du budget le). 271

Syndicat.

1881 Ses. ord. Syndicat (prise en considération de la proposition de M. Covindessamy au sujet de l'institution du)............ 400

Tabac.

1876 Ses. ord. Tabac (discussion au sujet de la suppression du droit des licences sur la culture du). Maintien de ce droit...... 117 119

1879 Ses. ord. Tabac (observations au sujet du droit à l'introduction du). Création d'un bureau de douane à la gare du chemin de fer. Proposition du remaniement de ce droit......................... 565 575

1879 Ses. ord. Tabac (transfert de l'entrepôt du)..... 1002

1880 Ses. ord. Tabac (modification au droit à l'introduction du) à Karikal............. 194

1881. Ses. ord. Tabac (exposé des motifs relatif aux modifications de l'assiette et du mode de perception du droit sur le). Rapport de la commission y relatif. Déclaration du Directeur de l'intérieur retirant les projets de décret sur cette matière et leur substituant des éléments de délibération. Discussion y relative. Examen du projet de décret

sur le tabac présenté par l'Administration et modifié par la commission. Amendement de M. Chanemougam à l'article 2 du décret. 127, 128, 131, 141, 143

1881 Ses. ord. Tabac (rapport de la commission sur le droit à l'introduction du) à Karikal.. 145 147 181

1881 Ses. ord. Tabac (ajournement du vote de la prévision du droit de licence pour la vente du) à Mahé........................ 192

1881 Ses. ord. Tabac (observation de M. Gaudart au sujet du droit de l'introduction sur le) à Karikal........................ 216

1881 Ses. ord. Tabac (discussion relative au droit de l'introduction du) à Pondichéry. Ajournement du vote de cet article des recettes........................ 250 251

1881 Ses. ord. Tabac (augmentation de 25 p. 0/0 du tarif des droits à l'introduction du). 600 608

Tarifs.

1873 Ses. ord. Tarif des taxes à Chandernagor, Karikal, Mahé, Yanaon et Pondichéry. 14, 17, 19

1874 Ses. ord. Tarif des taxes........................ 127

1875 Ses. ord. Tarif des taxes........................ 6

1875 Ses. ord. Tarif douanier au Sénégal (vœu tendant à la révision du).............. 163 à 174

1876 Ses. ord. Tarif des taxes à Mahé, Yanaon, Chandernagor, Karikal, Pondichéry.............. 10, 30, 36, 70, 116

1876 Ses. ord. Tarifs de taxes des médicaments au sujet de l'uniformité des)........... 135

1879 Ses. ext. Tarifs des honoraires des médecins et de ceux des greffiers malabars (modifications aux). Exposé des motifs. Rapport du Procureur général. Projets d'arrêté. Discussion..... 50, 51, 53

1879 Ses. ord. Tarif des taxes locales de Mahé et de Yanaon........................ 84, 128

1879 Ses. ord. Tarif des taxes à percevoir à Karikal, Chandernagor, Pondichéry. 180, 296, 527

1880 Tarifs civils suivis devant la Cour et les

Ses. ord. tribunaux en vertu de l'arrêté du 11 novembre 1861 (exposé des motifs d'un projet de révision des). Rapport de la commission. Discussion. 76, 374 à 377
1880 Ses. ord. Tarif des taxes de Yanaon, Mahé... 150, 175
1880 Ses. ord. Tarif des taxes locales de Karikal..... 191
1880 Ses. ord. Tarif des taxes locales à percevoir à Chandernagor........................ 229
1880 Ses. ord. Tarif des taxes locales de Pondichéry... 253
1881 Ses. ord. Tarifs des taxes à percevoir à Yanaon. 71
Tarif du droit d'étalonnage à Karikal (élévation du)...................... 185
Tarif des taxes de Mahé (vote du) sous réserve des articles ajournés........ 196
Tarif des taxes à percevoir à Chandernagor, Karikal (observation au sujet du). Droit à l'introduction sur le tabac................................ 216
1881 Ses. ord. Tarif des taxes locales de Pondichéry (présentation du)................... 260
1881 Ses. ord. Tarif du droit de quai à Karikal (vote définitif du)...................... 338
1881 Ses. ord. Tarif des droits à l'introduction du tabac (augmentation du). 25 p. 0/0. . .600 à 608

Taxes.

1873 Ses. ord. Taxes (tarif des) à Chandernagor, Karikal, Mahé, Yanaon, Pondichéry. 14, 17, 19
1874 Ses. ord. Taxes (tarif des)........................ 127
1875 Ses. ord. Taxes (tarif des)........................ 6
1876 Ses. ord. Taxes (tarif des) à Mahé............. 10
1876 Ses. ord. Taxes (tarif des) à Yanaon............ 30
1876 Ses. ord. Taxes (tarif des) à Chandernagor...... 36
1876 Ses. ord. Taxes (tarif des) à Karikal............ 70
1876 Taxes (tarif des) à Pondichéry........ 116

Session	Objet	Pages
Ses. ord. 1877	Taxes (tarif des)	11
Ses. ord. 1878	Taxes (tarif des)	6 à 16
Ses. ord. 1879	Taxes locales de Mahé (tarif des)	84
Ses. ord. 1879	Taxes locales de Yanaon (tarif des)	128
Ses. ord. 1879	Taxes à percevoir à Karikal (tarif des)	180
Ses. ord. 1879	Taxes à percevoir à Chandernagor (tarif des)	296
Ses. ord. 1879	Taxes à percevoir à Pondichéry (tarif des)	527
Ses. ord. 1879	Taxes d'abatage (proposition de réduire les)	942
Ses. ord. 1880	Taxes (tarifs des) de Yanaon et de Mahé	153, 175
Ses. ord. 1880	Taxes locales de Karikal (tarif des)	191
Ses. ord. 1880	Taxes locales à percevoir à Chandernagor (tarif des)	229
Ses. ord. 1880	Taxes locales de Pondichéry (tarif des)	253
Ses. ord. 1881	Taxes à percevoir à Yanaon (tarif des)	71
Ses. ord. 1881	Taxe des passeports à Karikal (discussion au sujet de la prévision de la)	183, 185
Ses. ord. 1881	Taxes à percevoir à Mahé (vote du tarif des) sous réserve des articles ajournés	196
Ses. ord. 1881	Taxes à percevoir à Chandernagor (tarif des)	216
Ses. ord. 1881	Taxes à percevoir à Karikal (tarif des). Observation au sujet du droit d'introduction sur le tabac	216
Ses. ord. 1881	Taxes locales de Pondichéry (présentation du tarif des)	260
Ses. ord. 1881	Taxes au profit de la commune de Mahé (exposé des motifs concernant de nouvelles)	362

Télégraphe.

1872 Ses. ord. — Télégraphe (rétablissement d'un bureau du) à Karikal.................... 288

1879 Ses. ord. — Télégraphe (vœu relatif à la création d'un bureau du).................... 1,131

1880 Ses. ord. — Télégraphe (au sujet de la prévision pour l'établissement d'un bureau du) à Karikal.......................... 217

Terrains. Terres.

1872 Ses. ord. — Terrains à concession à Yanaon (au sujet de l'arrêté local du 24 mai 1871 sur le mode de jouissance et de possession des)............................. 106

1872 Ses. ord. — Terrains destinés aux plantations (vœu de M. Hecquet tendant à appeler le botaniste agriculteur à se prononcer sur la nature des)................. 253

1872 Ses. ord. — Terres à salines (impôts sur les)....... 21

1872 Ses. ord. — Terres à Yanaon (observation relative à l'impôt attaché aux concessions de)............................. 106

1873 Ses. ord. — Terrain appartenant aux héritiers de M. Godefroy (achat d'un) destiné à l'agrandissement de l'hôpital......... 207

Terrains nécessaires à la construction d'un bangalow à Souttoukeny (acquisition de)...................... 228

Terres (concession de) pour plantation d'arbres à haute futaie....... 237, à 241

Terres (ajournement de l'échange de) comprises dans la route de Maïlom........................ 229, 231

Terres comprises dans la route de Valdaour (au sujet de l'échange de)..... 231

Terres comprises dans les routes de Madourépacom et de Maïlom (échange de)............................. 229

Terres comprises dans le nouveau chemin de Calapeth (échange de)........... 237

Terres comprises dans le canal du petit étang de Bahour (échange de)....... 241

1873 Ses. ord. — Terres à salines (observation au sujet de l'impôt foncier sur les)...... 88

1873 Terrain pour la fourrière (au sujet du). 232
Ses. ord.
Terrain dépendant de la magnanerie (location du)........................ 228
Terres domaniales (au sujet des observations du Conseil local relatives à la vente des)........................ 116
1874 Terres prises pour les routes de Marcanom et de Maïlon (échange des)...... 176
Ses. ord.
Terrain (acquisition d'une portion de) pour la construction du barrage de Souttoukény........................ 177
Terrains promboc (location de) appartenant à l'Etat dans les districts de Pondichéry, Bahour et Villenour.... 177
Terrain appartenant au fonds commun des districts (proposition de vente aux habitants de Calapeth d'une partie du) 178
Terrains sablonneux destinés à des plantations d'arbres de haute futaie (concession des)........................ 181
1875 Terres à menus grains (observations au sujet de la prévision inscrite pour
Ses. ord.
surcroit d'impôt provenant de la conversion des) en terres à nellys...... 115
1876 Terres (au sujet des concessions des) à Mahé........................ 19
Ses. ord.
Terrains dépendant de la succession en déshérence du sieur Jussam (bail à loyer des)........................ 23, 65
Terres à Yanaon (discussion relative à la question du dégrèvement des)... 65, 70
Terres à pacage (au sujet des)....... 233
1877 Terrains (la colonie désire procéder elle-
Ses. ext.
même aux achats de) pour l'établissement du chemin de fer...........6. 7
1877 Terres domaniales à Mahé (au sujet des
Ses. ord.
concessions des). Mise en adjudication de ces terres............... 33, 36
1877 Terres (ratification de l'échange des) dont
Ses. ord.
les concessions ont été comprises à tort dans celles vendues à M. Jablin. 94
1877 Terres situées dans la forêt d'Adimpolam

Ses. ord. (au sujet du vœu du conseil local de Yanaon relatif à la vente des)...... 191
Terrain domanial (affectation d'un) au cimetière des chrétiens à Villenour.. 193
1878 Ses. ord. Terrains domaniaux situés dans les districts de Pondichery et de Villenour (location des)........................ 16
Terres à *Yanaon* (observation au sujet de l'abandon par un certain nombre de concessionnaires de leurs)...... 25
Terres de France Tippah et d'Adivipolom (proposition d'améliorer les moyens de culture des).................... 43
Terres (observation au sujet des concessions de) faites à Yanaon sans l'avis du Conseil colonial). Renseignements fournis à ce sujet.............. 45, 49
Terres domaniales à Mahé (inscription d'une prévision à l'article vente des). 55
Terrain (acceptation de la donation d'un) faite par un habitant de Pandaquel pour y installer une école........... 56
1879 Ses. ext. Terrain du parc colonial (discussion au sujet de la demande du directeur de la filature Savana tendant à obtenir la concession d'un)............... 42, 47
Terrain (acquisition d'un) pour la construction d'une école à la Grande-Aldée......................... 64
Terrains (achat de) pour l'exécution du legs Souprayapoullé................ 66
1879 Ses. ord. Terres à pâturage (au sujet du vœu du conseil local de Yanaon tendant à la nomination d'une commission destinée à déterminer le moment à partir duquel les) doivent être soumises à l'impôt... 128
Terres à salines (au sujet de l'impôt sur les)................................ 546
1879 Ses. ord. Terres domaniales (observations au sujet de la vente de)....................... 580
Terres domaniales (proposition d'augmenter la prévision des recettes provenant de la vente des). Adopté. 833, 877
Terres domaniales (renouvellement d'une

affectation de) à l'entretien de la chapelle catholique de Bahour........ 1005
Terrains domaniaux (exposé des motifs d'une modification proposée au cahier des charges de la location pour neuf ans de divers).......................... 1019
Terrain situé à Villenour, sur le parcours de la voie ferrée, en vue d'y établir une boulangerie (exposé des motifs de la location d'un)....................... 1021
Terres domaniales à Yanaon (aliénation des)................................ 1032
Terres à Yanaon (concession des).... 1033
Terrains domaniaux (affectation de) aux cimetières des Maplets et des partisans du culte évangélique à Mahé... 1037
Terres domaniales (rapport de la commission chargée d'étudier toutes les questions se rattachant à la vente ou à la concession de).................... 1038
Terres domaniales à Yanaon (pétition de divers habitants de Yanaon réclamant l'impôt des). Discussion....... 1008 1114
1880 Ses. ord. Terres (concession gratuite des) à Mazulipatam (Yanaon)................. 62
Terres domaniales (observation au sujet du cahier des charges relatif à la ferme des) à Yanaon...................... 63
Terres à Mahé (exposé des motifs relatif à la vente de)...................... 65
Terres (exposé des motifs d'une revendication faite devant les tribunaux d'une parcelle de) indûment vendue par autorité de justice................. 68
Terres (exposé des motifs concernant l'acquisition d'une parcelle de) nécessaire pour le forage d'un puits artésien à Ariancoupom.................. 73
1880 Ses. ord. Terres à concession à Yanaon (au sujet des). Proposition de l'Administration tendant à la remise de l'impôt à partir de 1882 et au dégrèvement dans la mesure du possible pendant l'année 1881.............................. 154, 157

Terrain (au sujet de la demande d'aliénation d'un) situé à Mahé, faite par le sieur Ponna Cannin................ 418

Terrain domanial à nellys (au sujet de la demande d'autorisation de cultiver des menus grains dans un). Vœu de M. B. de Rozario à ce sujet.............. 420

Terrain (renouvellement du bail gratuit d'un) à Bahour consenti à la Mission.. 431

1881 Terres à concessions à Yananon (discussion au sujet de l'exemption d'impôts à accorder aux détenteurs des)........................ 58 à 67

Terres à pâturages (au sujet de la redevance due par les) converties en terres à nellys....................... 67

Terrain sis à Goretty (exposé des motifs concernant une demande de concession gratuite d'un) pour l'installation d'une usine. Adoption d'une proposition de l'Administration......... 89, 90

Terres domaniales à Yanaon (exposé des motifs concernant la question de l'impôt foncier et des). Rapport de la commission. Ajournement de l'examen de cette question...... 96, 98, 625

Terres (demande de concession de) en faveur du pagotin Pattaby-Ramassamy covil. Retrait de ce dossier par l'Administration...................... 107, 108

Terres (échange des) pour le redressement de la route de Tirpapour. Discussion et ajournement de cette question. Concession d'une indemnité........................ 108, 111 624

Terrain sis à Bahour (au sujet de l'aliénation d'un). Rejet de cette question de l'aliénation.................. 111, 112

1881 Ses. ord. Terrain situé à Oussoudou (acquisition d'un) pour les besoins du service... 112

Terres domaniales à Mahé (vœu de M. B. de Rozario relatif aux). Renvoi de ce vœu à la commission des pétitions........................... 194, 195

Terres en friche de la loge de Mazulipatam (exposé des motifs relatif au fermage des)........................ 353

Terrain (exposé des motifs relatif à la cession d'un) à la commune de Pondichéry pour servir de latrines publiques.............................. 256

Terrains (au sujet de la demande de concession de) faite par le pasteur du culte évangélique de Mahé pour l'agrandissement de son école......... 542

Thalavayes.

1878 Ses. ord. Thalavayes adjoints (au sujet du mode de recrutement des). Discussion. 241 à 248.

Tonnage.

1876 Ses. ord. Tonnage (exonération des droits sanitaires de phare et de) accordé aux navires venant faire leur lest... 121 122

1876 Ses. ord. Tonnage (exonération de droits de) et de manifeste en faveur des navires qui viendront débarquer du riz à Pondichéry.............................. 623

1878 Ses. ord. Tonnage (au sujet de la prévision des recettes provenant du droit de) et de manifeste.............................. 166

1879 Ses. ord. Tonnage (vœu tendant à l'exonération des droits de) en faveur des navires à voiles qui importeraient ou exporteraient à Pondichéry des fractions de chargement inférieures à 15 tonneaux.......................... 548 à 561

1880 Ses. ord. Tonnage (observation au sujet des droits de) et de phare. Motion y relative. 255 à 257

1880 Ses. ord. Tonnage (au sujet de l'exonération du droit de) et de manifeste en faveur des bateaux à vapeur faisant un service régulier.................... 255, 283

Transport.

1880 Ses. ord. Transport des magistrats en matière criminelle (rapport de la commission chargée de préparer un projet d'arrêté relatif au). Projet d'arrêté. Ajournement..................... 332, 386, 401

Travaux.

1873 Ses. ord. Travaux à l'entreprise (au sujet des cahiers des charges pour les)... 198

Travaux du barrage de Souttoukény (adoption du projet préparé par une commission spéciale pour les). Vote d'un crédit supplémentaire pour ces travaux.......................... 80

1876 Ses. ord. Travaux d'utilité publique (nécessité d'entreprendre les) à l'occasion de la disette........................... 619

1877 Ses. Ex. Travaux à exécuter à Pondichéry (fixation de la part afférente pour)...... 61

1878 Ses. ord. Travaux des routes à Karikal (au sujet des). Mode d'empierrement. Difficulté de mettre ces travaux à l'entreprise dans l'Inde.......................... 141

1878 Ses. ord. Travaux en faveur de l'agriculture demandés par le comité du fonds commun de Karikal (vote des).......... 192

1879 Ses. ord. Travaux à exécuter au grand étang d'Oussoudou, afin d'arriver à une meilleure répartition des eaux de ce réservoir................. 73, 127, 128

1880 Ses. ord. Travaux du fonds commun (observation au sujet de la non exécution des).... 48

1880 Ses. ord. Travaux neufs (demande de subvention pour l'exécution des) dans la commune de Villenour................ 394

1881 Ses. ord. Travaux des routes (mise en adjudication des transports des pierrailles nécessaires pour les)................ 520

Trésor. Trésorier-payeur.

1873 Ses. ord. Trésorier-payeur (fixation des remises au receveur de Chandernagor et au). 49

1873 Ses. ord. Trésorier-payeur (au sujet de la remise au) sur les recettes du service local. 224

1874 Ses. ord. Trésor (proposition d'attribuer à la colonie les fonds existant au) sous le titre des dépôts judiciaires......... 105

1881 Ses. ord. Trésorier - payeur (augmentation du chiffre des remises à accorder au)... 455

Tribunal.

1870 Ses. ext. Tribunal de 1re instance (ouverture d'un crédit supplémentaire pour l'exécution des travaux du) 12

1880 Ses. ord. Tribunal de Mahé (au sujet de l'augmentation de crédit demandée pour achat de livres pour la bibliothèque du) ... 182

1881 Tribunal de 1re instance de Chandernagor (discussion au sujet des travaux du) 342

Usine.

1881 Ses. ord. Usine (concession gratuite d'un terrain sis à Goretty pour l'installation d'une) .. 89

Vaccinateur.

1880 Ses. ord. Vaccinateur à Karikal (au sujet de la solde du) maintenue provisoirement au budget local 210 215

Vaccination.

1881 Ses. ord. Vaccination (exposé des motifs relatif au service de la). Ajournement de l'examen de cette question 116 117

1881 Ses. ord. Vaccination (examen de la question relative aux dépenses de la). Renvoi de l'examen de cette question à la commission des affaires diverses ... 225 227

1881 Ses. ord. Vaccination (discussion au sujet de la prévision de la) 372 376

Vaccine.

1878 Ses. ord. Vaccine (augmentation de la prime pour la propagation de la) 263

1880 Ses. ord. Vaccine (proposition d'inscrire une somme plus forte pour prime pour la propagation de la) à Karikal.... 210 215

1881 Ses. ord. Vaccine (nouvel ajournement de la question relative aux dépenses de la) 366

Validation.

1872 Ses. ord. Validation des élections des membres du Conseil colonial 2

Vanille.

1878 Vanille (prime pour la culture de la) ... 65

Ses. ord.
1879 Vanille (vote d'un crédit pour prime à la
Ses. ord. culture de la) à Mahé 100

Ventes.

1873 Vente des terres domaniales (au sujet
Ses. ord. des observations du Conseil local relatives à la) 116
1874 Vente (proposition de) aux habitants de
Ses. ord. Calapeth d'une partie de terrain appartenant au fonds commun des districts........................... 178
1875 Vente des produits des jardins publics
Ses. ord. (révision des tarifs de)............ 49
1875 Vente (vœu tendant à mettre en) les
Ses. ord. côteaux de Périmbé................ 77
1876 Vente du sel (au sujet de neuvième du
Ses. ord. produit de la) à attribuer au service municipal de Chandernagor......... 47
1877 Vente des terres situées dans la forêt
Ses. ord. d'Adivipolam (au sujet du vœu du Conseil local de Yanaon relatif à la). 101
1878 Vente des terres domaniales à Mahé
Ses. ord. (inscription d'une prévision à l'article). 55
1879 Vente des terres domaniales (observa-
Ses. ord. tion au sujet de la)................. 580
1879 Vente des médicaments (remise sur le
Ses. ord. produit de la)...................... 761
1879 Vente du sel (proposition d'augmenter
Ses. ord. la prévision pour le produit de la). Adopté.................... 832, 877
1870 Vente des terres domaniales (proposi-
Ses. ord. tion d'augmenter la prévision des recettes provenant de la). Adopté..... 833
1880 Vente des terres à Mahé (exposé des
Ses. ord. motifs relatif à la)............ 65, 877

Viaduc.

1875 Viaduc à huit arches (construction d'un)
Ses. ord. en remplacement du cassis situé près du Chounambar.................... 84

Vice-président.

1870 Vice-président (proposition de nommer
Ses. ext. un)........................... 8

Vice-secrétaire.

1870 Ses. ord. Vice-secrétaire (proposition de nommer un)...... 10

Village.

1878 Ses. ord. Village de parias à Yanaon (au sujet de concessions faites pour la création d'un)...... 49, 52

Visite.

1870 Ses. ord. Visite du duc de Buckingham, Gouverneur de Madras (au sujet de la). Ouverture d'un crédit supplémentaire pour le recevoir...... 40, 41

1881 Ses. ord. Visite du Rajah de Tranvancore. Ouverture d'un crédit pour les dépenses de réception...... 512

Vœux.

1872 Ses. ord. Vœux émis par le Conseil local de Karikal (examen des)...... 285

1872 Ses. ord. Vœux émis par le Conseil local de Chandernagor (examen des)...... 200

1872 Ses. ord. Vœux émis par le Conseil local de Mahé (examen des)...... 201

1872 Ses. ord. Vœux émis par le Conseil local de Pondichéry (examen des)...... 202

1873 Ses. ord. Vœux (question relative aux)...... 242

1870 Ses. ext. Vœux (proposition d'ajourner la mise aux voix des) en cas d'absence de conseillers généraux...... 61

1870 Ses. ext. Vœux formulés en session extraordinaire (observation au sujet des)...... 151

Voirie.

1873 Ses. ord. Voirie à Karikal (augmentation du nombre de charrettes de la petite)...... 52

1876 Ses. ord. Voirie (création d'un service de) à la Grande-Aldée...... 103

Voitures.

1872 Ses. ord. Voiture à bœufs affectée au service des ponts et chaussées (suppression de la). 263

1894 Ses. ord. Voitures (au sujet de numérotage des). 97

Votes.

1879 Ses. ord. Votes acquis (motion de M. Guerre au sujet des). Renvoi de cette motion à la commission du règlement intérieur. Rapport de la commission. Discussion. Article additionnel.... 66, 70, 116 à 125, 514 à 222.

1879 Ses. ord. Votes acquis (proposition de M. Guerre de remettre en discussion sa motion sur les). Délibération............... 514.

RÉSUMÉ DES MATIÈRES

CONTENUES

Dans le répertoire analytique des procès-verbaux du Conseil général de 1882 à 1892.

A

Abattoir.................. 1
Absence................. 1
Achat, Acquisition....... 1
Acte..................... 2
Action en justice........ 2
Adjudants (voir police)... 72
Administrateurs.......... 3
Agent-payeur............ 4
Aliénation.............. 4
Apprentissage........... 5
Arachides............... 5
Arbres.................. 5
Archives................ 5
Armée coloniale......... 5
Arrack-patté............ 5
Arrêt................... 5
Arriérés................ 6
Arselar................. 6
Assesseurs.............. 6
Attributions............ 6
Audiences foraines...... 7
Avances................. 7

B

Bac..................... 7
Bail.................... 7
Baleinière.............. 8
Bancs................... 9
Bangalow................ 9
Barrage................. 9
Bateaux à vapeur........ 9
Batelage................ 9
Bétel................... 9
Bibliothèques, Bibliothécaire................ 10
Bourses, Pensions....... 10
Brevet.................. 11
Budget.................. 12

C

Cadastre................ 15
Caisses................. 15
Caisse des dépôts et consignations 15
Caisse des invalides (voir contingent)........... 27
Caisse de Macouas (retenue de solde.......... 16

Caisse de prévoyance..... 16
Caisse de réserve........ 16
Caillou.................. 17
Canal.................... 17
Canniveaux............... 18
Caserne.................. 18
Certificat d'origine..... 18
Cession.................. 19
Chambre d'agriculture.... 19
Charrette................ 19
Chauderies............... 20
Chef de service.......... 20
Chelingues............... 21
Chemins.................. 21
Chemin de fer............ 21
Chirurgie................ 22
Cimetière................ 22
Cipahis.................. 22
Coffres-forts............ 22
Collège.................. 22
Commissions.............. 23
Communes................. 24
Compte................... 25
Conduites d'eau.......... 26
Conseils agréés.......... 26
Conseils électifs........ 26
Conseil d'État........... 26
Conseil local (voir conseils électifs............ 26
Conseil général (voir conseils électifs.......... 26
Conseil de révision...... 27
Consultations gratuites.. 27
Contingent............... 27
Contributions............ 27
Conventions.............. 30
Cours.................... 31
Cours d'eau.............. 31
Crédit................... 32
Cultes................... 33

D

Déficit.................. 33
Dégrèvements............. 33
Délimitation............. 33
Dépêche ministérielle.... 33
Dépôts et consignations.. 33
Député................... 34
Détournement............. 34
Dette.................... 34
Direction de l'intérieur... 34
Discours................. 35
Dispensaire.............. 36
Domaine.................. 36
Dons, Donations.......... 36
Douaniers (voir Tarif)... 91
Droits (contributions)... 36
Droit (cours de)......... 40
Droits électoraux........ 41

E

Echange.................. 41
Éclairage................ 41
Écoles................... 41
Économies................ 43
Églises.................. 44
Élections................ 44
Élèves................... 44
Emigration............... 44
Empiètements............. 44
Emprunts................. 44
Encaisse................. 44
Enregistrement........... 45
Enseignement primaire.... 45
Enseignement secondaire.. 45
Etalonnage............... 45
Etang.................... 45
Etat-civil............... 46
Exemption, Exonération... 46
Exploitations............ 47
Exposition............... 47
Expropriations........... 47

F

Fabriques........................ 48
Félicitations..................... 48
Fermes.......................... 48
Frais de justice et Frais de représentation........ 49
Frais de route.................. 49
Frais de tournée.............. 49

G

Ganja et Banguy......... 50
Gardes Champêtres...... 50
Garde-meuble........... 50
Goretty................... 50
Gouvernement, Gouverneur................. 50
Greffe, Greffiers......... 51
Gymnastique............... 51

H

Hangars................ 51
Hooly................... 51
Hôpital................. 51
Horloge................. 52
Huissiers............... 52

I

Impôts................. 52
Imprimerie............. 53
Incomplet.............. 53
Indemnités............. 54
Inondation............. 54
Inspecteur primaire...... 54
Inspection permanente... 54
Instituteurs............ 54
Instruction publique...... 55
Interprètes.............. 55
Irrigation............... 55

J

Jardin colonial.......... 56
Joncans................ 56
Jury.................... 56

L

Laldiguy................ 57
Lazaret................. 57
Lettres................. 57
Licences................ 57
Lignites (voir mine)...... 61
Locations............... 58
Lods et ventes.......... 58
Loges................... 58
Logements insalubres..... 59
Lois.................... 59

M

Macouas................ 59
Magasin central......... 60
Magasins généraux....... 60
Magistrat............... 60
Maisons (Impôt sur les) Voir contributions, impôts............ 27, 52
Mandats-poste........... 60

Médecin. 60
Médicaments. 61
Messageries maritimes. . . . 61
Mines. 61
Ministres. 61
Mobilier. 62
Mont-de-piété. 62
Mosquée. 62
Musée. 62

N

Natarvaïkal. 62
Navigation. 62
Négociation. 63
Noular. 63

O

Observations météorologiques. 63
Officiers de santé. 63
Opium. 64
Orphelinat. 64
Oupar. 64

P

Padany. 64
Pagodes. 64
Palais de justice. 64
Pankas. 65
Parc colonial. 65
Parité. 65
Passages. 65
Passeports. 66
Patchalas. 66
Patentes. 66
Péage. 67
Pêche. 67
Pédagogie. 67
Pensions. 67
Percepteurs. 68
Permis. 68
Pétitions. 68
Phares. 69
Pharmacie, pharmacien. . . 69
Pier. 69
Plan de campagne. 69
Plantations. 71
Poids et mesures. 71
Police. 72
Pompes. 73
Ponceaux. 73
Ponts. 73
Ponts et chaussées. 74
Port. 75
Porteur de correspondances 76
Poste. 76
Poursuites. 76
Pourvoi. 76
Pravadéanar (Voir barrage) 9
Prélèvement. 76
Prestations. 76
Primes. 77
Prisons. 77
Procès-verbaux. 77
Propriétés bâties (Impôt sur les) Voir contributions, impôts. 27, 52
Puits artésiens. 77

Q

Quai. 78
Questeur. 79

R

Rage. 79
Recensement. 79
Receveur adjoint. 79
Redressement. 79

Réforme monétaire....... 79
Règlement intérieur...... 79
Remercîments.......... 79
Remises............... 79
Renouvellement triennal.. 80
Rentes................ 80
Retenues.............. 80
Riz................... 80
Rôles................. 80
Roupies............... 80
Routes................ 81
Ruelles............... 81

S

Santé (Service de)....... 82
Secours................ 82
Sel.................... 83
Sénateur............... 83
Sercar................. 83
Service militaire....... 83
Situation financière.... 83
Sociétés............... 84
Solde.................. 84
Souscription........... 84
Spiritueux............. 84
Square................. 86
Station agronomique.... 86
Subsides, subventions... 87
Successions............ 89
Surveillants d'irrigation.. 89
Syndics................ 89

T

Tabac.................. 89
Table.................. 90
Taléary................ 90
Tarif.................. 90
Taux................... 91
Taxes.................. 91
Tchaoukidars........... 92
Téléphonique (Réseaux).. 92
Terrains, terres....... 92
Timbre................. 96
Tircoular.............. 96
Titres................. 96
Tombeaux............... 97
Tonnage................ 97
Traitement............. 97
Transport.............. 97
Travaux................ 97
Trésor, trésorier-payeur.. 97
Tribunal............... 98

U

Usines................. 98

V

Vaccinateur............ 98
Vanille................ 98
Vanjiar................ 98
Vente.................. 98
Villages............... 99
Vins et liqueurs........ 99
Virement............... 99
Visites................ 99
Voirie................. 99
Voitures............... 100
Volontaires............ 100
Voyages................ 100

TABLE

Des procès-verbaux du Conseil général de 1882 à 1892.

Abattoir.

1888 Ses. ord. Abattoir (exposé des motifs concernant la cession d'un terrain à la commune de Chandernagor pour la construction d'un)........................ 92

Absence.

1882 Ses. ext. Absence du Directeur de l'intérieur. (Question posée par M. Le Faucheur au sujet de l')..................... 58

Achat, acquisition.

1882 Ses. ord. Achat d'un immeuble (proposition pour l') destiné à servir de bureau de la Direction de l'intérieur.............. 476

1883 Ses. ord. Achat d'une maison destinée aux bureaux de la Direction de l'intérieur (imputation de la dépense relative à l')................................ 48

1884 Ses. ext. Achat d'un immeuble à Pondichéry et à Yanaon........................ 16, 25

1885 Ses. ord. Achat d'un immeuble à Karikal pour servir de caserne.................. 94

1885 Ses. ord. Achat de terrain pour l'agrandissement de l'école Sainte-Eugénie (exposé des motifs.) Rapport et délibération. 237, 641

1885 Ses. ord. Achat de l'hôtel du chef de service à Chandernagor (proposition relative à l')................................ 376

1886 Ses. ord. Achat d'une horloge pour l'hôtel du chef de service de Karikal.............. 109

1886 Ses. ord. Achat de l'hôtel du chef de service à Chandernagor (proposition relative à l')................................ 243

1886 Ses. ord. Achat d'un autre immeuble pour servir au chef de service de Yanaon (proposition relative à l') 348
1888 Ses. ord. Achat de la maison servant d'hôtel à l'administrateur de Chandernagor.... 146
1889 Ses. ord. Acquisition de la maison de M. Sandirapoullé à Calapeth.................. 525
1889 Ses. ord. Acquisition de terrains situés dans l'intérieur de l'étang de Cadouvanour... 21
1890 Ses. ord. Achat d'une balance pour le service de la poste à Yanaon............. 125, 138
1890 Ses. ord. Achat d'une charrue et de deux couveuses artificielles demandées par la Chambre d'agriculture.............. 151
1890 Ses. ord. Achat de graines et de plantes pour le jardin colonial...................... 151
1890 Ses. ord. Acquisition de terrains à Yanaon pour la construction d'une école primaire. 248
1891 Ses. ord. Achat de cheminées pour le phare de Mahé.. 224
1891 Ses. ord. Achat de graines et de plantes pour le jardin colonial.................. 225
1891 Ses. ord. Achat de caractères pour l'imprimerie.................................. 226, 254
1891 Ses. ord. Achat de terrains pour le rétablissement de la ruelle Amesatolla à Boro (Chandernagor)............................ 424

Actes.

1891 Ses. ord. Actes de l'état civil (confection des tables décennales des)................ 238, 254

Action en justice.

1882 Ses. ord. Action en justice (exposé des motifs concernant une) soutenue au nom de la colonie. Affaire Jablin............ 77
1883 Ses. ord. Action. Autorisation de soutenir une action intentée contre la colonie par 5 porteurs de licences pour les débits des spiritueux................. 59, 401
1883 Ses. ord. Action. Autorisation de soutenir une action contre le sieur Kichenassamy entrepreneur.......................... 97
1883 Action. Autorisation de soutenir une

Ses. ord. action intentée contre la colonie par la dame Tayamalle.................. 450
1885 Ses. ext. Action en revendication d'une parcelle de terre sise à Kijaparicalapeth. 132, 408
1888 Ses. ord. Action à soutenir au nom de la colonie contre une demande en remboursement du droit de quai................ 52
1888 Ses. ord. Action intentée à la colonie par un sieur Pounianada (ancien adjudicataire de licences pour les débits des spiritueux à Karikal)......................... 59
1888 Ses. ord. Action intentée à la colonie par M. Jablin.................................. 549
1889 Ses. ord. Action à soutenir contre le sieur Vaïtilingamodély, cultivateur à Karikal.. 19
1889 Ses. ord. Action intentée à la colonie par MM. Parry et Cie......................... 557
1890 Ses. ord. Action à intenter au nom de la colonie contre le sieur Latchoumanin, fils de Pavadé, qui détient illicitement un terrain domanial à Bahour... 241, 249, 286.................................. 397
1890 Ses ord. Action en déguerpissement contre le détenteur d'un terrain domanial à Bahour.................................. 395
1891 Ses. ord. Action en revendication de terrain à intenter contre le sieur Arnassalonpattun................................ 52
1891 Ses. ord. Action à intenter contre les détenteurs de terrains domaniaux............... 53
1891 Ses. ord. Action en déguerpissement contre le sieur Douressamycavoundin......... 344
1891 Ses. ord Action à intenter contre le sieur Pavadépadarom......................... 346
1891 Ses. ord. Action à intenter contre le sieur Soupourayapadéachy..................... 351

Administrateurs.

1888 Ses. ord. Administrateurs des Dépendances (vœu relatif au maintien au budget colonial de la solde des)........ 527
1889 Ses. ord. Administrateurs (solde des).. 166, 182 à 190

1889 Ses. ord. Administrateurs des Dépendances (au sujet des frais de passage des)...... 296

1889 Ses. ord. Administrateurs (au sujet du mobilier des hôtels des).............. 178, 189

1890 Ses. ord. Administrateurs (renouvellement du mobilier des hôtels des)............. 64

1890 Ses. ord. Administrateur de Chandernagor (entretien de l'hôtel de l')............ 339

1891 Ses. ord. Administrateurs (observation au sujet de la solde des).................. 136

1891 Ses. ord. Administrateurs (refus de crédits pour les mobiliers des hôtels des)........ 137

Agents-payeurs.

1888 Ses. ord. Agents-payeurs (suppression des emplois d')......................... 224

Aliénation.

1882 Ses. ord. Aliénation des terres domaniales à Mahé............................ 356

1885 Ses. ord. Aliénation des terres domaniales à Mahé............................ 112

1885 Ses. ord. Aliénation d'un terrain domanial à Pondichéry au profit d'un sieur Abdoulcarimbeck............................ 113

1885 Ses. ord. Aliénation de terrains domaniaux à Chandernagor............................ 115

1885 Ses. ord. Aliénation d'un terrain domanial sis à Manapett............................ 650

1885 Ses. ord. Aliénation d'une portion du parc colonial.................... 655, 703

1886 Ses. ord. Aliénation des terrains domaniaux à Calapett. Exposé des motifs.......... 27
Rapport............................ 315

1886 Ses. ord. Aliénation des terrains domaniaux à Manapett. Exposé des motifs.......... 26
Rapport............................ 315

1891 Ses. ord. Aliénation des titres de rentes demandée par le comité de bienfaisance de Pondichéry............................ 430

1891 Ses. ord. Aliénation d'un terrain domanial à Yanaon............................ 64

1891 Ses. ord. Aliénation d'un terrain dépendant de la succession Soupravapoullé, demandée par le comité de bienfaisance... 423, 430

Apprentissage.

1885 Ses. ord. Apprentissage. (Création à Chandernagor d'une école d')............... 546

Arachides.

1886 Ses. ord. Arachides. (Exonération du droit de quai en faveur des)................ 578

Arbre.

1882 Ses. ord. Arbres plantés dans l'étang de Bahour (vœu au sujet de l'abattage des)..... 386

1883 Ses. ord. Arbres plantés dans l'étang de Bahour (proposition d'abattre les)........... 374

1886 Ses. ord. Arbres fruitiers (abandon à faire à la commune de Chandernagor des)..... 222

1886 Ses. ord. Arbres plantés sur le domaine à Karikal (rachat de divers)................... 495

Archives.

1885 Ses. ext. Archives centrales des colonies (crédit pour l'entretien des)........... 133, 491

1885 Ses. ext. Archives de la colonie (au sujet de la proposition d'un crédit pour la transcription des)........................ 578

1885 Ses. ord. Archives de la colonie (crédit pour la transcription des).................. 337

1888 Ses. ord. Archives (classement des pièces des)... 258

1889 Ses. ord. Archives coloniales (inscription d'un crédit pour la part contributive de la colonie aux dépenses des)........... 278

Armée coloniale.

1883 Ses. ord. Armée coloniale (motion relative à l'application dans l'Inde de la loi sur le service militaire)............... 83, 493

Arrack-patté.

1882 Ses. ord. Arrack-patté (observation au sujet de la pesanteur spécifique de l')......... 376

Arrêt.

1883 Ses. ext. Arrêt de la Cour de cassation (demande de publication d'un) au sujet du droit des votes des indigènes..... 29, 54, 60

1883 Ses. ord. Arrêt de la Cour de cassation (au sujet de l') interprétatif du décret du 21 septembre 1881............ 68, 87, 130

Arriérés.

1882 Ses. ext. Arriérés des impôts fonciers (échange d'observation au sujet des).... 143 à 150

Arselar.

1882 Ses. ord. Arselar (travaux à exécuter dans l'). 309, 310
1883 Ses. ext. Arselar (redressement de l'embouchure de l')............................ 86
1883 Ses. ord. Arselar (crédit alloué pour le redressement de l')........................ 344
1885 Ses. ext. Arselar (entretien de cales en maçonnerie sur l')......................... 436
1885 Ses. ext. Arselar (curage de l')................ 443
1886 Ses. ord. Arselar (curage de l')................ 427
1888 Ses. ord. Arselar (dégagement de l'embouchure de l')............................ 442
1889 Ses. ext. Arselar (construction à Karikal d'un pier et d'une voie ferrée parallèle à l'). 67
1889 Ses. ord. Arselar (mur de soutènement de l'). 386, 446
1889 Ses. ord. Arselar (poste de police près de l')... 386
1891 Ses. ord. Arselar (continuation du mur de soutènement de l')........................ 294
1891 Ses. ord. Arselar (construction d'un barrage sur l')................................ 294
1891 Ses. ord. Arselar (curage de l')................ 450

Assesseurs.

1885 Ses. ord. Assesseurs aux assises criminelles (vœu relatif à la composition de la commission chargée de dresser la liste des)................................ 100

Attributions.

1883 Ses. ext. Attributions du Directeur de l'intérieur dans les Dépendances.............. 171

1883 Ses. ord. Attributions du Directeur de l'intérieur dans les Dépendances (nécessité de déterminer les)........................ 20
1883 Ses. ord. Attributions des Conseils locaux... 30, 146

Audiences foraines.

1883. Ses. ext. Audiences foraines................. 170

Avances.

1885 Ses. ext. Avances à la culture.................. 463
1885 Ses. ord. Avances à la culture (prévision pour remboursement des................ 473
1887 Ses. ord. Avances à faire aux agents en expectative d'une pension de retraite....... 18
1889 Ses. ord. Avances à la culture de Karikal....... 288

Bac.

1887 Ses. ord. Bac à Yanaon (demande d'un crédit pour la construction d'un).......... 557
1888 Ses. ord. Bacs à Yanaon (fermes des)........... 478
1890 Ses. ord. Bacs à Yanaon (produit de la ferme des). 255

Bail.

1882 Ses. ord. Bail à ferme d'un terrain sis à Chandernagor................................ 489
1882 Ses. ord. Bail d'une maison destinée à servir d'annexe à l'école Sainte-Eugenie........ 535
1883 Ses. ord. Bail à loyer d'une maison destinée à servir d'hôpital et de pharmacie à Karikal................................ 93
1885 Ses. ord. Bail à loyer passé à Pondichéry pour les besoins du service. Exposé des motifs................................ 114
Rapport................................ 121
1885 Ses. ord. Baux à loyer des maisons affectées aux services publics à Karikal. Exposé des motifs................................ 120
Rapport................................ 121
1885 Baux à loyer passés à Pondichéry

Ses. ord. pour les besoins du service. Exposé des motifs.......................... 32
Rapport.................................. 32
1885 Ses. ord. Baux à loyer passés à Yanaon pour les besoins du service. Exposé des motifs. 30
Rapport.................................. 31
1885 Ses. ord. Baux à loyer d'un immeuble pour servir d'entrepôt des tabacs à Karikal. Exposé des motifs. Rapport......... 347
1885 Ses. ord. Baux à loyer. — Annulation d'un bail pour la location d'un immeuble destiné à servir d'entrepôt des spiritueux à Karikal.............................. 631
1885 Ses. ord. Baux à loyer d'une maison et d'un terrain sis à Ariancoupom............ 651
1885 Ses. ord. Baux à loyer d'une maison destinée à servir d'école primaire des filles à Villenour.............................. 678
1886 Ses. ord. Bail à loyer de deux chambres destinées à servir de bureau du parquet à Mahé..............................
Exposé des motifs..................... 315
Rapport.................................. 316
1887 Ses. ord. Baux à loyer, passés dans la colonie pour les besoins du service......... 66
1889 Ses. ord. Bail de location de la rivière Tayouladil Taya à Mahé.. 28
1889 Ses. ord. Baux à loyer pour les besoins du service.......................... 37 à 40
1889 Ses. ord. Baux à loyer passés à Yanaon pour les besoins du service.................. 422
1890 Ses. ord. Bail à loyer du rez-de-chaussée de l'ancienne caserne de cipahis à Karikal destiné à servir de maison commune. 246
1890 Ses. ord. Baux à loyer (passés pour les besoins de divers services...... 60, 347, 348, 434

Baleinière.

1882 Ses. ord. Baleinière (proposition pour l'achat d'une).................................. 410
1885 Ses. ext. Baleinière. (Crédit pour l'emménagement et entretien d'une)....... 131, 491
1888 Ses. ord. Baleinière (dépense d'entretien de la).. 230

Bancs.

1891 Ses. ord. — Bancs (demande d'installation de) à la Cour et aux tribunaux........ 430, 479

Bangalows.

1891 Ses. ord. — Bangalows (au sujet de l'entretien des)........................ 281, 306

Barrage.

1882 Ses. ord. — Barrage sur le Pravadéanar (au sujet de la construction d'un)............ 306

1883 Ses. ext. — Barrage sur le Pravadéanar (au sujet de la construction d'un)............ 85

1885 Ses. ext. — Barrage sur le Pravadéanar (construction d'un)........................ 445

1891 Ses. ord. — Barrage sur l'Arselar (construction d'un)........................ 306

1891 Ses. ord. — Barrage de Nettépacom (construction du)........................ 299

Bateaux à vapeur.

1885 Ses. ext. — Bateaux à vapeur (organisation à Chandernagor d'un service de).......... 328

Batelage.

1883 Ses. ord. — Batelage. Augmentation du tarif de location de la chelingue affectée au service du port de Karikal......... 472

1886 Ses. ord. — Batelage (au sujet du personnel du) à Karikal........................ 275, 379

Bétel.

1882 Ses. ord. — Bétel (observation sur le mode de perception à Karikal du droit sur le) 177, 347

1883 Ses. ord. — Bétel (suppression du droit sur la culture du)........................ 151, 237

1885 Ses. ord. — Bétel (proposition de rétablir le droit sur le)........................ 467

1889 Ses. ord. — Bétel (rétablissement du droit sur le) 303, 312, 414

1890 Ses. ord. — Bétel (pétition relative au droit sur le). 11

1890 Ses. ord. — Bétel (proposition de supprimer le droit sur le)........................ 230

Bibliothécaire, bibliothèque.

1882 Ses, ord. Bibliothèque publique (vote d'un crédit pour la confection du catalogue des livres de la)........................ 421

1883 Ses. ext. Bibliothèque publique (réduction du traitement du personnel de la).......... 307

1883 Ses. ord. Bibliothécaire (diminution du traitement du)........................... 200

1883 Ses. ord. Bibliothèque publique (demande de la création à Karikal d'une)....... 258, 405

1885 Ses ext. Bibliothèque publique (motion de M. Laporte au sujet de la suppression d'un emploi d'écrivain de la)........ 573

1885 Ses. ord. Bibliothèque publique; (crédit pour la transcription des archives de la colonie)............................... 337

1885 Ses. ord. Bibliothèque du tribunal de Chandernagor (achat des livres pour la)....... 381

1885 Ses. ord. Bibliothèque du tribunal de Karikal (achat des livres pour la).......... 408

1886 Ses. ord. Bibliothèque de la Direction de l'intérieur (réduction du crédit destiné à l'achat d'ouvrages nécessaires à la).. 183

1887 Ses. ord. Bibliothèque à Karikal (au sujet de la création d'une)................. 599

1889 Ses. ord. Bibliothèque publique à Karikal (création d'une..................... 432

1889 Ses. ord. Bibliotthèque publique (motion de M. Baptiste tendant à faire mettre dès leur réception à la disposition du public les journaux de la)............. 276

1891 Ses. ord. Bibliothèque publique (création d'un emploi de brocheur à la)........... 227

1891 Ses. ord. Bibliothécaire (augmentation de la solde du).............................. 227

Bourses, boursiers.

1882 Ses. ext. Bourses (exposé des motifs concernant la concession de demi) dans les Lycés de la Métropole..................... 99

1882 Ses. ext. Bourses (rapport de la commission sur la concession de demi) dans les Lycées de la Métropole..................... 101

1882 Bourses (discussion relative à la conces-

Ses. ext.	sion de demi) dans les Lycées de la Métropole	102
1882 Ses. ord.	Bourses au collège colonial (vœu au sujet de la concession des)	107
1882 Ses. ord.	Boursiers entretenus dans les Lycées de la Métropole (au sujet des)	308, 422
1883 Ses. ord.	Boursiers envoyés en France aux frais de la colonie (passage à accorder à bord des paquebots aux)	58, 208
1883 Ses. ord.	Boursiers entretenus dans les écoles de la Métropole ; (imputation de la dépense)	176
1884 Ses. ext.	Bourse au jeune Bonnefoy	23, 24, 33
1885 Ses. ord.	Bourse au pensionnat de Chandernagor (institution de)	378
1885 Ses. ord.	Bourse au jeune Doutre	243, 250
1886 Ses. ord.	Bourse au pensionnat de France (concession d'une)	255
1886 Ses. ord.	Bourse au pensionnat de Karikal (augmentation d'une)	266
1889 Ses. ord.	Bourse au jeune de Blainville	284
1889 Ses. ord.	Bourses au pensionnat de Chandernagor	285
1889 Ses. ord.	Boursiers de la Métropole (au sujet des)	280, 283
1890 Ses. ord.	Bourses familiales (création de dix)	162
1890 Ses. ord.	Bourse (concession d'une) dans un Lycée de la Métropole	250
1891 Ses. ord.	Bourses au collège Calvé accordées à Yanaon (proposition d'augmenter le nombre de)	411, 420, 458
1891 Ses. ord.	Bourses dans les Lycées de la Métropole (concession de) aux jeunes Klein et Lecot	352

Brevet. (Voir subside. Subvention).

1888 Ses. ext.	Brevet supérieur (au sujet d'un cours pour la préparation au)	160

Budget.

1882 Ses. ext.	Budget de 1882 (exposé des motifs relatifs aux mesures à prendre afin de rétablir l'équilibre du)	42
1882 Ses. ext.	Budget de 1882 (rapport de la commission des finances sur la situation du).	45
1882 Ses. ext.	Budget de 1882 (discours de M. Bayol, sur la situation du)	59
1882 Ses. ext.	Budget de 1882 (motion de M. Rassendren au sujet des moyens à employer pour combler le déficit du). Discussion. 65,	66
1882 Ses. ext.	Budget de 1882 (discours de M. H. de Rozario sur la situation du)	75
1882 Ses. ord.	Budget de 1883; (exposé des mo.ifs du rapport de la commission des finances).	108, 181
1882 Ses. ord.	Budget (motion de M. Bayol tendant à ne voter que 4/12 du)	121 à 131
1882 Ses. ord.	Budget des recettes de Yanaon	181
1882 Ses. ord.	— des dépenses de Yanaon	194
1882 Ses. ord.	— des recettes de Mahé	207
1882 Ses. ord.	— des recettes de Chandernagor.	230
1882 Ses. ord.	— des dépenses de Chandernagor.	234, 249
1882 Ses. ord.	— des recettes de Karikal	252
1882 Ses. ord.	— des dépenses de Karikal. . 261,	311
1882 Ses. ord.	— des recettes de Pondichéry 360,	374, 551
1882 Ses. ord.	— des dépenses de Pondichéry. 390,	408
1882 Ses. ord.	— des dépenses (décision du Conseil de ne voter provisoirement que les 4/12 du)	552
1882 Ses. ord.	Budget de 1883 (dépêche ministérielle relative au vote du)	119

(*Voir dépêche ministérielle situation financière.*)

1883 Ses. ext.	Budget de 1883 (vote irrégulier du). 15,	23
1883 Ses. ext.	Budget de 1883 (avis du Conseil d'Etat sur le vote du)........................	17
1883 Ses. ext.	Budget de 1883 (rapport de la commission sur le)........................	149
1883 Ses. ord.	Budgets des recettes et des dépenses de l'exercice 1884 (exposé des motifs relatif aux); rapport de la commission.	141
1883 Ses. ord.	Budget des recettes de Pondichéry exercice 1884............. 149, 407,	413
1883 Ses. ord.	Budget des dépenses de Pondichéry exercice 1884............. 162, 407,	413
1885 Ses. ext.	Budget des recettes et des dépenses de l'exercice 1885 (exposé des motifs relatif au projet du); rapport de la commission.................... 138,	173
1885 Ses. ext.	Budget des recettes de Pondichéry. 178,	583
	— Chandernagor... 186,	583
	— Karikal..... 190,	583
	— Mahé....... 195,	583
	— Yanaon..... 198,	583
1885 Ses. exr.	Budget des dépenses de Pondichéry. 230,	582
	— Chandernagor... 311,	582
	— Karikal.... 335,	582
	— Mahé...... 360,	582
	— Yanaon.... 376,	582
1885 Ses. ord.	Budget de 1886; (cause du déficit constaté dans le discours du Gouverneur).	14
1885 Ses. ord.	Budget de 1886 (discussion)...........	175
1885 Ses. ord.	Budget de 1886 (demande de renseignements sur les moyens d'équilibrer le).	108
1885 Ses. ord.	Budget de 1886 (exposé des motifs du projet de)...........................	138
1885 Ses. ord.	Budget de 1886; (rapport de la commission des finances)...................	165
1885 Ses. ord.	Budget de 1886 (ordre à suivre dans le vote du)...........................	172

1885 Ses. ord. Budget des dépenses de Pondichéry 205, 678
— Chandernagor.. 377, 678
— Karikal... 391, 678
1885 Ses. ord. Budget des dépenses de Mahé... 424, 678
Budget des dépenses de Yanaon. 440, 676
1885 Ses. ord. Budget des recettes de Pondichéry. 456, 678
Budget des recettes de Chandernagor. 477, 678
Budget des recettes de Karikal... 481, 678
Budget des recettes de Mahé..... 487, 678
Budget des dépenses de Yanaon.. 496, 678
1886 Ses. ord. Budget (proposition de donner lecture du) au fur et à mesure que les articles seront appelés.................... 181
1886 Ses. ord. Budget de 1887. (Exposé des motifs relatifs au)...................... 78
Budget de 1887. (Exposé des motifs). Rapport de la commission 112
1886 Ses. ord. Budget des dépenses de Pondichéry... 142
Budget des dépenses de Chandernagor. 242
Budget des dépenses de Karikal...... 258
Budget des dépenses de Mahé......... 289
Budget des dépenses de Yanaon...... 302
1886 Ses. ord. Budget des recettes de Pondichéry.... 326
Budget des recettes de Chandernagor.. 363
Budget des recettes de Karikal........ 370
Budget des recettes de Mahé......... 379
Budget des recettes de Yanaon....... 384
1886 Ses. ord. Budget de 1887. (Vote d'un douzième provisoire sur le)................ 62
1887 Ses. ord. Budget des dépenses et des recettes de l'exercice 1888..................... 116
1887 Ses. ord. Budget en roupies (demande d'établissement du)........................ 773
1887 Ses. ord. Budget pour 1888. (Règlement du) et situation définitive de l'exercice...... 117
1888 Ses. ord. Budget de 1889. (Exposé des motifs)... 94

	Rapport	141
	Alignement	509
1889	Budget de 1890. (Exposé des motifs)	80, 119
	Rapport	119 à 130
	Alignement	130 à 159
1889	Budget des recettes	
	Rapport	300
	Discussion	304
1889 Ses. ord.	Budget (alignement du)	44
1889 Ses. ord.	Budget extraordinaire	446
1889 Ses. ord.	Budget des dépenses (discussion)	119, 130
1890 Ses. ord.	Budget de 1891. (Alignement du)	428
1890 Ses. ord.	Budget de 1891. (Exposé des motifs)	20
1890 Ses. ord.	Budget extraordinaire	182
1890 Ses. ord.	Budget des dépenses (rapport sur le)	60
1890 Ses. ord.	Budget des recettes	191
1890 Ses. ord.	Budget en roupies (établissement du)	431
1890 Ses. ord.	Budget de 1891. (Lettre du Gouverneur au sujet de la modification proposée au) par la commission des finances	188
1891 Ses. ord.	Budget des dépenses	
	Rapport de l'Administration	86 à 127
	Rapport de la commission	128
	Discussion	130 à 133
1891 Ses. ord.	Budget extraordinaire des dépenses	254
	Budget des recettes	309
1891	Budget extraordinaire des recettes	322
1891	Budget (alignement du)	476

Cadastre.

1882 Ses. ord.	Cadastre de Chandernagor	488
1886	Cadastre (exposé des motifs)	485

Ses. ord.
1886 Cadastre (convention relative à la confection du)........................ 487
Ses. ord. Rapport................................ 489
Discussion.............................. 490
Suite de la discussion................ 530
1887 Cadastre (exposé des motifs relatifs au service du) modification au contrat passé avec M. Decloset ingénieur... 678
Ses. ord.
1887 Cadastre (exposé des motifs concernant l'extraction de blocs de granit dans la rivière de Gingay pour le service du).. 99
Ses. ord.
1888 Cadastré (au sujet du)........... 299, 551
Ses. ord.
1889 Cadastre (contrat pour la confection du).................................. 7, 80
Ses. ext.

Caisses.

1883 Caisses de Villenour et de Bahour (Suppression des)......................... 286
Ses. ext.
1883 Caisses de Nédouncadou et de la Grande-Aldée (maintien des)................. 294
Ses. ext.

Caisse des dépôts et consignations.

1891 Caisse des dépôts et consignations (amortissement de la dette envers la).............................. 128, 133
Ses. ord.

Caisse des macouas.

1882 Caisse des macouas (proposition pour la suppression de la) Rapport de la commission......................... 478, 481
Ses. ord.
1883 Caisse de secours mutuels des macouas. 102
Ses. ord.
1886 Caisse des macouas (au sujet de la)... 658
Ses. ord.

Caisse de prévoyance

1891 Caisse de prévoyance (institution d'une) dans la colonie.............. 302, 407
Ses. ord.

Caisse de réserve.

1883 Caisse de réserve (remboursement à la) d'un prélèvement fait en 1882....... 143
Ses. ext.
1887 Caisse de réserve (situation de la)..... 118
Ses. ord.

1889 Ses. ord. Caisse de réserve (prélèvement à faire à la)........................ 446, 561

Callou.

1882 Ses. ext. Callou (exposé des motifs et projets de délibération concernant l'assiette et le mode de perception du droit sur le).. 90

1882 Ses. ext. Callou (rapport de la commission sur l'assiette et le mode de perception du droit sur le)........................ 95

1882 Ses. ord. Callou (discussion relative à l'assiette et au mode de perception du droit sur le). 260

1882 Ses. ord. Callou (droit sur le).................... 379

1886 Ses. ord. Callou (droit sur les cocotiers exploités en)........................... 373

1886 Ses. ord. Callou et de spiritueux. (adjudication des licences de) à Mahé................. 223

1888 Ses. ord. Callou (modification du mode de placement des débits de)................
Exposé des motifs...................... 22
Projet de délibération.......... 23, 27, 86
Rapport de la commission............. 24
Discussion...................... 20, 66, 488
Droit d'extraction...................... 89
Inscription des cocotiers............. 561

1890 Ses. ord. Callou (régime du) à Karikal... 93, 94, 110

1891 Ses. ord. Callou (Licence des débits de).......... 314

Canal.

1382 Ses. ord. Canal à Yanaon (vœu de M. Pandicondala Soubaya tendant à obtenir un conducteur pour le creusement d'un).... 103

1882 Ses. ord. Canal d'embranchement d'Oulgaret et de Couroumbathe.................. 463

1883 Ses. ord. Canal d'irrigation (vœu relatif à la construction à Yanaon d'un)............. 203

1885 Ses. ord. Canal du Pambéar (creusement du). Discours du Gouverneur................ 30

1886 Ses. ord. Canal alimentaire de l'étang d'Archivack................................. 426

1886 Ses. ord. Canal du Pambéar (creusement du)....

Lettre de M. le Gouverneur.......... 349
Rapport.......................... 504
Discussion....................... 508
1887 Ses. ord. Canal du Pambéar (creusement du). Exposé des motifs.................
Rapport — Discussion.............. 688
1891 Ses. ord. Canaux et digues des étangs (réparations des).......................... 309
1891 Ses. ord. Canaux d'irrigation du grand étang d'Oussoudou (au sujet des)........ 307

Caniveaux.

1891 Ses. ord. Caniveaux (construction de)........... 299

Caserne.

1883 Ses. ord. Caserne des cipahis de Karikal (demande de crédit pour l'agrandissement de la)................. 326, 456
1885 Ses. ord. Caserne (achat d'un immeuble à Karikal pour servir de)....................... 94
1885 Ses. ord. Caserne des cipahis de Karikal (loyer de la)............................ 411
1885 Ses. ord. Caserne des cipahis à Karikal (autorisation de démolir l'ancienne).......... 552
1886 Ses. ord. Caserne de Chandernagor (Installation d'un gymnase dans la).............. 430
1887 Ses. ord. Caserne (demande d'annexion à la) du local occupé par le service des contributions......................... 619

Certificat d'origine.

1885 Ses. ext. Certificat d'origine (Réduction du droit de)............................. 69
1885 Ses. ord. Certificats d'origine (prévision du droit sur les)......................... 470
1888 Ses. ord. Certificat d'origine (prévision du droit de)............................ 380
1891 Ses. ord. Certificat d'origine (adoption de la proposition tendant à majorer la prévision du droit de)...................... 320

Cession.

1883 Ses. ext. Cession de Chandernagor (motion de M. Dumaine au sujet du projet de)... 103
1885 Ses. ext. Cession des livres de médecine aux officiers de santé.................... 278
1885 Ses. ext. Cession à la commune de Pondichéry du parc colonial................. 483
1885 Ses. ord. Cession à la commune de Pondichéry de la fontaine du boulevard ouest.... 204
1886 Ses. ord. Cession d'un terrain domanial à un industriel de Bombay pour l'établissement d'une filature................ 558

Chambre d'agriculture.

1890 Ses. ord. Chambre d'agriculture (achat d'une charrue et de deux couveuses artificielles demandées par la).......... 151
1888 Ses. ord. Chambre d'agriculture (allocation à la).......................... 260, 263

Charrettes.

1882 Ses. ext. Charrettes (exposé des motifs concernant le droit d'entrée sur les)....... 85
1882 Ses. ext. Charrettes (projet de délibération sur la création d'un droit d'entrée sur les)................................ 85
1882 Ses. ext. Charrettes (rapport de la commission sur la création d'un droit sur les).... 86
1882 Ses. ext. Charrettes (discussion relative à la création d'un droit d'entrée sur les). Amendement de M. Chanemougom (retrait de cet amendement)............. 86, 87
1882 Ses. ord. Charrettes (observation de M. Chanemougom sur le mode de perception du droit sur les)................... 176
1882 Ses. ord. Charrettes (exposé des motifs relatif à la création d'un droit sur les) à Mahé............................. 209
1882 Ses. ord. Charrettes (observation sur le mode de perception du droit sur les)......... 383
1883 Ses. ext. Charrettes à Mahé (droit sur les)....... 54
1885 Ses. ext. Charrettes (droit sur les).......... 64, 180

1885 Ses. ord. Charrettes (prévision du droit sur les)... 469
Charrettes (droit de péage sur les); projet de délibération.............. 635
Charrettes (Prévision de la recette)....., 636
Charrettes (abandon à la commune de Chandernagor du droit sur les)..... 640
1886 Ses. ord. Charrettes à Karikal (ferme du droit sur les)................................ 20
1886 Ses. ord. Charrettes (droit sur les) à Pondichéry (motion de Maridassou Douressamy y relative)........................... 338
1886 Ses. ext. Charrettes (droit de péage sur les) à Chandernagor.................... 364, 586
1887 Ses. ext. Charrettes à Chandernagor (Tarif du droit à percevoir sur les)........... 23
1887 Ses. ord. Charrettes à Pondichéry et à Karikal (droit sur les); mise en ferme de la perception de ce droit. Rapport de la commission..................... 69, 70
1888 Ses. ord. Charrettes (exemption du droit sur les).......................... 371, 375
1889 Ses. ext. Charrettes (modification de la législation du droit sur les)........... 37, 98
1890 Ses. ord. Charrettes (pétition relative au droit sur les)................................ 11
1891 Ses. ord. Charrettes (au sujet du droit sur les).......................... 34, 52, 315

Chaudrie.

1880 Ses. ext. Chaudrie de Bahour: (proposition de l'Administration de donner cet établissement à la commune de Bahour).... 23
Rapport concluant au rejet de cette proposition........................ 26

Chef de service.

1882 Ses. ord. Chefs de service des Dépendances (attributions des); modification à apporter à l'ordonnance de 1840.............. 292
1883 Ses. ord. Chefs de service (motion relative à l'imputation des frais du personnel des).. 220
1885 Chefs de service des Etablissements

Ses. ext. secondaires (attributions des); rapport de la commission..... 38, 403, 551
1885 Ses. ext. Chef de service de Chandernagor (frais de représentation au)............. 318
1885 Ses. ord. Chef de service de Chandernagor (frais de représentation au)............. 387
1885 Ses. ord. Chef de service à Chandernagor (achat de l'hôtel du)..................... 376
1886 Ses. ord. Chef de service à Chandernagor (proposition relative à l'achat de l'hôtel du)......................... 243
1886 Ses. ord. Chef de service à Yanaon (proposition relative à l'achat d'un immeuble pour l'hôtel du)......................... 348

Chelingue.

1885 Ses. ord. Chelingue (construction à Karikal d'une)......................... 413
1886 Ses. ord. Chelingue (construction d'une) à Karikal.............................. 276

Chemin.

1887 Ses. ord. Chemin (demande de construction d'un) conduisant directement de la station du chemin de fer à la chapelle de Notre-Dame de Lourdes............ 614
1891 Ses. ord. Chemin (construction d'un) à Canouvapethe..................... 209, 308, 470

Chemin de fer.

1885 Ses. ord. Chemin de fer (vœu tendant à faire imputer les annuités de l'emprunt pour la construction de) sur le produit de la rente de l'Inde.................... 707
1886 Ses. ord. Chemin de fer (compte du)............ 143
1887 Ses. ord. Chemin de fer (construction de deux embranchements de)................ 627
1889 Ses. ord. Chemin de fer de Karikal et de Pondichéry.................. 473, 480, 512
1890 Ses. ord. Chemin de fer (construction d'une ligne de) de Pondichéry à Tirpapalur..... 148, 137, 414
1890 Chemin de fer de Pondichéry. (Restitu-

Ses. ord. tion de terrain faite par la Compagnie du)........................... 242
1891 Ses. ord. Chemin de fer (au sujet de la construction de deux embranchements de)..................... 148, 442, 454

Chirurgie.

1885 Ses. ord. Chirurgie (crédit pour l'achat à Karikal d'une caisse de)..................... 417
1889 Ses. ord. Chirurgie (Indemnité pour l'entretien des instruments de)....... 243, 246, 247
1890 Ses. ord. Chirurgie (Indemnité pour l'entretien des instruments de)................. 297

Cimetière.

1882 Ses. ord. Cimetière de Nellitope (Vote d'une subvention pour la clôture du).......... 520

Cipahis.

1885 Ses. ord. Cipahis (autorisation de démolir l'ancienne caserne des) à Karikal....... 552
1886 Ses. ord. Cipahis (vœu tendant à confier la garde de la place d'Odiensallé à un piquet de)........................... 397, 570
1888 Ses. ord. Cipahis (vœu relatif au contingent des)................................ 526
1888 Ses. ord. Cipahis (augmentation de la subvention faite à la musique des)............ 484
1890 Ses. ord. Cipahis (protestation contre la suppression des)............................ 14
1890 Ses. ord. Cipahis (augmentation de la subvention pour l'entretien des)................ 162
1891 Ses. ord. Cipahis (augmentation de la subvention à la musique des)............ 244

Coffres Forts.

1885 Ses. ord. Coffres-forts pour les greffes (achat de) 270

Collège.

1883 Ses. ext. Collège Calvé (motion relative au plan d'étude du)........................... 230
1883 Ses. ord. Collège Calvé (observation au sujet du recrutement du personnel du)....... 167
1885 Ses. ord. Collège colonial (organisation de cours de sciences au); rapport.......... 242
1885 Ses. ord. Discussion............................ 244

1887 Ses. ord. Collège colonial (achat d'un piano et d'un homme anatomique pour le)... 170
1889 Ses. ord. Collège colonial (vœu relatif à la création d'un cours de sciences au)..... 208
1890 Collège colonial (création d'un maître de musique au)..................... 81

Commission.

1882 Ses. ext. Commissions (fixation du nombre des) et désignation des membres qui doivent les composer.................. 7
1882 Ses. ext. Commission des finances (rapport de la) sur la situation du budget de 1882. 45
1882 Ses. ext. Commission (adoption du vœu tendant à nommer une) composée des membres électifs et des fonctionnaires en nombre égal pour rechercher les économies à faire dans les dépenses des divers services 80
1882 Ses. ext. Commission des affaires diverses (rapport de la......................... 98
1882 Ses. ord. Commission des finances (rapport de la) sur le budget de 1883)........ 108, 181
1882 Ses. ord. Commission des affaires diverses (rapport de la).......................... 325
1883 Ses. ext. Commission chargée de l'étude de la réorganisation des services publics (motion de M. Gallois-Montbrun relative à la)..... .... 30, 42
1883 Ses. ext. Commissions du Conseil général (désignation des)......................... 48
1883 Ses. ord. Commission d'instruction publique (désignation de la)................ 36, 594
1883 Ses. ord. Commission chargée de l'examen des attributions des Conseils locaux et du Directeur dans les Dépendances (désigna- de la)........................... 36, 504
1883 Ses. ord. Commission des finances (rapport de la) sur le budget de l'exercice 1894.... 163
1884 Ses. ord. Commission des affaires diverses (rapport de la)........................ 25
1885 Ses. ext. Commission des affaires diverses (rapport de la).............. 80: 466, 508

1885 Ses. ext.	Commission des finances (rapport de la) sur le projet du budget de l'exercice 1895	173
1887 Ses. ext.	Commission de réorganisation du service des contributions	249, 250
1889 Ses. ord.	Commission d'instruction publique (demande de M. Maridassou Douressamy tendant à augmenter le nombre des indiens faisant partie de la)	224

Commune.

1883 Ses. ext.	Communes (régularisation des allocations faites aux)	77
1883 Ses. ext.	Communes (subventions aux)	82, 109, 110
	Communes de Karikal (subvention votée en faveur des)	262
1883 Ses. ord.	Commune de Yanaon (subvention en faveur de la) pour l'exécution de certains travaux	311
1883 Ses. ord.	Communes (révision des dotations immobilières des)	318, 505, 518
1885 Ses. ord.	Communes (subventions aux)	327, 353, 354, 383, 591, 598
1885 Ses. ext.	Communes rurales (pétitions relatives au fonctionnement des)	705
1887 Ses. ord.	Commune de Yanaon (concession d'un terrain domanial à la)	677
1887 Ses. ord.	Communes de l'établissement de Karikal (subvention extraordinaire aux) pour l'exécution des travaux en faveur de l'agriculture, le curage de canaux (etc)	731
1888 Ses. ord.	Communes (vœu relatif à la dotation financière des)	284
1888 Ses. ord.	Communes de Nedouncadou (subvention à la)	477
1889 Ses. ord.	Communes urbaines (allocations aux)	310
1889 Ses. ord.	Communes (subventions aux)	319
	Exposé des motifs	320
Ses. ord. 1889	Communes urbaines (subventions aux); rapport	328

Projet de décret........................ 330
Discussion.............................. 331

1889 Ses. ord. Communes rurales (subventions aux); rapport................................ 336
Discussion........................ 336 à 373
1889 Ses. ord. Commune de Karikal (subvention additionnelle demandée pour la) pour l'empierrement des rues de la ville.... 524
1890 Ses. ord. Communes (allocations aux)..... 181, 428
1890 Ses. ord. Communes rurales (dotations financières des).............................. 13, 428
1891 Ses. ord. Commune de Chandernagor (subvention à la) pour la dédommager du droit de perception sur les voitures et chevaux........................... 252
1891 Ses. ord. Commune de Bahour (subvention à la) pour mettre en bon état de viabilité les chemins vicinaux.............. 406
1891 Ses. ord. Commune de Chandernagor (subvention à la) pour l'achèvement du square.. 293

Compte.

1882 Ses. ord. Comptes des recettes et des dépenses de l'exercice 1881 (exposé des motifs relatif aux); rapport de la commission.......................... 537 541
1883 Ses. ord. Comptes des recettes et des dépenses de l'exercice 1882 (exposé des motifs relatif aux); rapport de la commission........................... 539, 542
1885 Ses. ext. Comptes des recettes et des dépenses du service local pour l'exercice 1883 (exposé des motifs relatif aux); rapport de la commission............. 457, 459
1885 Ses. ord. Comptes des recettes et des dépenses pour l'exercice 1884..................
1886 Ses. ord. Exposé des motifs..................... 134
Rapport................................. 682
1886 Ses. ord. Compte de développement de 1885. 60, 73, 535

1887 Ses. ord. Compte des dépenses et des recettes du service local de l'exercice 1886..... 664
1888 Ses. ord. Compte des dépenses et des recettes de l'exercice 1887; exposé des motifs... 512
1889 Ses. ord. Rapport........................... 517
1890 Ses. ord. Compte de développement. Discussion. 521
Ses. ord. Compte de développement des recettes
Ses. ord. et des dépenses de 1888....... 512, 524
1890 Ses. ord. Compte des recettes et des dépenses de l'exercice 1889; exposé des motifs 368
1890 Ses. ord. Rapport............................ 374
1890 Ses. ord. Discussion.......................... 380
1891 Ses. ord. Compte des recettes et des dépenses de l'exercice 1890................. 322

Conduite d'eau.

1890 Ses. ord. Conduite d'eau (au sujet de l'établissement d'une).................. 364, 444
1891 Ses. ord. Conduite d'eau de Moutrépaléon.. 242, 254

Conseil agréé.

1890 Ses. ext. Conseil agréé de l'Administration (augmentation de l'allocation au)........ 176
1891 Ses. ord. Conseil agréé de Karikal (indemnité au) 241

Conseils électifs.

1883 Ses. ord. Conseils locaux (attributions des).. 30, 146
1883 Ses. ext. Conseil général (constitutionnalité de la composition du)............ 68, 87, 130
1885 Ses. ord. Conseils locaux (attribution des). 38, 493, 551
1885 Ses. ext. Conseils locaux (attributions des)...... 710
1887 Ses. ext. Conseil général (désignation par le sort de la liste à laquelle devra appartenir M. Dumaine membre du)............ 32

Conseils d'État.

1883 Ses. ext. Conseil d'État (avis du) sur le vote du budget de 1883.................... 17

Conseil de révision.

1889 Ses. ord. Conseils de révision (désignation des Conseils généraux appelés à siéger dans les)........................... 440

Consultations gratuites.

1889 Ses. ord. Consultations gratuites (supplément aux officiers de santé chargés des).. 243, 249
1890 Ses. ord. Consultations gratuites (crédit pour le coût des médicaments destinés aux).. 292

Contingent.

1882 Ses. ord. Contingent imposé au budget des Dépendances (fixation du)........ 117, 140
1885 Ses. ord. Contingent en représentation de la retenue de 3 p. 0/0 perçue au profit de la caisse des invalides................. 206
1888 Ses. ord. Contingent des cipahis (vœu relatif au). 526

Contributions.

1882 Ses. ext. Contributions et du domaine (exposé des motifs concernant la réorganisation du service des)......................... 16
1882 Ses. ext. Contributions et du domaine (rapport de la commission de réorganisation du service des)......................... 21
1882 Ses. ext. Contributions et du domaine (discussion sur le projet du réorganisation sur le service des)......................... 24
1882 Ses. ext. Contributions et des hypothèques à Karikal (exposé des motifs concernant la scission du service des)............ 34
1882 Ses. ext. Contributions et des hypothèques à Karikal (rapport sur la scission du service des)............................. 36
1882 Ses. ext. Contributions et des hypothèques à Karikal (discussion relative à la scission du service des)...................... 37
1882 Ses. ext. Contributions et des hypothèques à Karikal (amendement de M. Gaudart relatif à la scission du service des).... 38
1882 Ses. ord. Contributions et du domaine (vœu au sujet de la réorganisation du service des)............................. 412

1883 Ses. ext.	Contributions (discussion générale sur la réorganisation du service des)....	233
1883 Ses. ext.	Pondichéry....................	232, 302
1883 Ses. ext.	Karikal....................	201, 303
1883 Ses. ext.	Chandernagor....................	298
1883 Ses. ext.	Mahé....................	298
1883 Ses. ext.	Yanaon....................	298
1883 Ses. ord.	Contributions et du domaine (crédits alloués au personnel du service des)..	189, 220, 253, 399, 405
1883 Ses. ord.	Contributions de Pondichéry et de Karikal (gratification au personnel du service des)....................	501
1885 Ses. ext.	Contributions (augmentation du traitement du personnel des)........	328, 488
1885 Ses. ord.	Contributions (service des)...........	
1885 Ses. ord.	Pondichéry....................	310
1885 Ses. ord.	Mahé....................	432
1885 Ses. ord.	Contributions (création d'emplois de contrôleurs et d'écrivains des)...........	637
1885 Ses. ord.	Contributions des patentes............	
1885 Ses. ord.	Rapport....................	604
1885 Ses. ord.	Projet de délibération.......	600, 613, 632
1885 Ses. ord.	Discussion....................	571, 605
1885 Ses. ord.	Tarif....................	607, 622, 627
1885 Ses. ord.	Incident relatif à la fixation de la patente des avocats et conseils commissionnés	623
1885 Ses. ord.	Prévision de la recette..............	636
1885 Ses. ord.	Contributions sur les propriétés bâties..	

1885 Ses. ord. Rapport.......... 592
1885 Ses. ord. Projet de délibération.......... 598, 633
1885 Ses. ord. Discussion.......... 570, 593
1885 Ses. ord. Tarif.......... 634
1885 Ses. ord. Exemption pour la paillotte.......... 600
1885 Ses. ord. Prévision de la recette.......... 636
1886 Ses. ord. Contributions (service des)..........
1886 Ses. ord. De Pondichéry.......... 190
1886 Ses. ord. De Karikal.......... 277
1886 Ses. ord. Contributions sur les propriétés bâties. 326, 370, 384
1886 Ses. ord. Contributions des patentes (révision de la).......... 530
1886 Ses. ord. Lettre de M. le Gouverneur.......... 540
1886 Ses. ord. Rapport.......... 545, 581, 587
1886 Ses. ord. Procès-verbaux de la Chambre de commerce.......... 558
1886 Discussion.......... 582
1886 Ses. ord. Projet de délibération.......... 588
1886 Ses. ord. Tarif.......... 607 à 623
1887 Ses. ord. Contributions (demande d'annexion à la caserne du local occupé par le service des).......... 610
1887 Ses. ord. Contributions à Pondichéry (réorganisation du service des).......... 211
1887 Ses. ord. Contributions indirectes de l'enregistrement et des domaines (service des).. 232
1887 Ses. ord. Contributions (commission de réorganisation du service des).......... 249
1887 Ses. ord. Contribution foncière des propriétés bâties (exposé des motifs relatif à un

	projet de décret additionnel à celui délibéré par le Conseil général dans ses séances des 21 et 22 janvier 1886 concernant la)........... 558, 559, 560
1888 Ses. ord.	Contributions (économies à réaliser sur les dépenses du service des)........ 474
1888 Ses. ord.	Contributions sur les propriétés bâties .
1888 Ses. ord.	Suppression de cette contribution...... 328
1888 Ses. ord.	Dégrèvement sur l'exercice 1886...... 293
1888 Ses. ord.	Projet de délibération................ 548
1888 Ses. ord.	Contributions des patentes.............. 316
1888 Ses. ord.	Tableau des patentables.......... 355, 545
1888 Ses. ord.	Marchand de bois en chantier.......... 355
1888 Ses. ord.	Commissionnaires en grains........... 359
1888 Ses. ord.	Notaires................................ 360
1888 Ses. ord.	Projet de délibération................ 544
1889 Ses. ord.	Contributions à Karikal (augmentation de solde en faveur de quelques agents du service des)..................... 232
1889 Ses. ord.	Contribution sur les propriétés bâties (maintien de la suppression de la)... 301
1890 Ses. ord.	Contributions (augmentation des frais de tournées du chef du service des)..... 124
1891 Ses. ord.	Contributions (frais de tournées du contrôleur ambulant des).......... 190, 194
1891 Ses. ord.	Contributions directes à Pondichéry (frais de poursuites pour le recouvrement des)......................... 401

Convention.

1885 Ses. ext.	Convention entre l'Administration et les héritiers du sieur Calvé Souprayachettyar.................................. 209

1886 Ses. ord. Convention avec MM. Pairy et Cie...... 461

1888 Ses. ord. Convention relative au privilège de l'achat de 300 caisses d'opium...... 91

1889 Ses. ext. Convention avec le Gouvernement anglais pour la vente à Chandernagor de l'opium........................... 30

Cours.

1885 Ses. ord. Cours de sciences au collège colonial (organisation de)..................

1885 Ses. ord. Rapport.............................. 242

1885 Ses. ord. Discussion............................ 244

1886 Ses. ord. Cours de droit à Karikal (allocation pour les)............................. 283

1886 Ses. ord. Cours normal à Yanaon (proposition d'instituer un)...................... 308

1887 Ses. ord. Cours d'anglais préparatoire aux examens de l'université de Madras (discussion sur le rétablissement à l'école primaire supérieure des)............ 165

1888 Ses. ord. Cours d'anglais (au sujet du rétablissement des) à l'école primaire supérieure........................ 161, 163

1889 Ses. ord. Cours de sciences au collège colonial (vœu relatif à la création d'un)...... 208

1889 Ses. ord. Cours de droit à Karikal (création des nouveaux).......................... 432

1889 Ses. ord. Cours de pédagogie à l'école primaire supérieure...................... 205, 209

1889 Ses. ord. Cours supérieur à l'école de Karikal (création d'un).................. 206, 209

1889 Ses. ord. Cours de français à l'école de Chandernagor (création d'un)........... 206, 209

1890 Ses. ord. Cours de droit (création de deux nouveaux)............................ 161

1890 Ses. ord. Cours de médecine (au sujet du)....... 207

1891 Ses. ord. Cours de droit (augmentation des crédits pour les)...................... 240

1891 Ses. ord. Cours de dessin (demande d'un) pour l'école de Karikal.................. 157

Cours d'eau.

1885 Ses. ext. Cours d'eau à Karikal (curage des)... 438

Crédits.

1882 Ses. ext. Crédits (exposé des motifs relatif à la demande d'un virement de) des dépenses facultatives du budget de Pondichéry pour 1881........................ 167

1883 Ses. ext. Crédits supplémentaires (discussion relative à une demande de)........ 142, 173

1883 Ses. ord. Crédits supplémentaires (discussion relative au paiement du traitement en congé de M. Haas)........................ 477

1883 Ses. ord. Crédits supplémentaires (décision relative au payement des frais de passage et du traitement de congé de M. Bundervoët)........................ 487

1885 Ses. ord. Crédits supplémentaires au compte du budget de l'instruction publique...... 258

1886 Ses. ord. Crédits budgétaires. (Réduction des).... 659

1886 Ses. ord. Crédit (demande de) pour la réception du Vice Roi de l'Inde................ 20, 25

1887 Ses. ord. Crédit extraordinaire de 1,215 fr. nécessaire pour la réparation et le remplacement du mobilier de l'hôtel de l'administrateur de Chandernagor (demande d'un)........................ 555

1887 Ses. ord. Crédit (exposé des motifs relatif : 1° à une demande de) de 300 fr. en faveur des jeunes orphelins de la première école primaire à Pondichéry : 2° à une (augmentation de) à inscrire au budget de 1888........................ 703

1889 Ses. ord. Crédits supplémentaires (ratification des). 60

1889 Ses. ord. Crédit supplémentaire. (Ouverture d'un) pour la construction du pont de Pandaquel........................ 520

1891 Crédits supplémentaires (ratification des)........................ 60, 335

Culte.

1885 Cultes (frais de matériel des). Rapport.. 243
Ses. ord.
Discussion.................................. 260

Déficit.

1882 Déficit du budget de 1882. (Motion de M.
Ses. ext. Rassendren au sujet des moyens à employer pour combler le). Observation de M. Gaudart......................... 65, 69
1885 Déficit du budget 1886 (cause du) constaté dans le discours du Gouverneur.. 14
Ses. ord.
1888 Déficit dans la caisse des dépôts et consignations................................ 520
Ses. ord.

Dégrèvement.

1885 Dégrèvement sur la contribution foncière.................. 46, 303, 355, 598
Ses. ext.
1885 Dégrèvement accordé à des fonctionnaires du prix de passage........................ 649
Ses. ord.
1890 Dégrèvement du prix de passage demandé par M. Biglia................... 287
Ses. ord.

Délimitation.

1889 Délimitation des propriétés communales et coloniales à Mahé.................. 34
Ses. ord.

Dépêche ministérielle.

1882 Dépêche ministérielle sur la situation financière de la colonie................ 110
Ses. ord.
1883 Dépêche ministérielle relative au vote du budget de 1883......................... 15
Ses. ext.
1883 Dépêche ministérielle sur la situation financière de la colonie................ 28
Ses. ext.
1883 Dépêche ministérielle au sujet des travaux neufs............................... 21
Sas. ord.
1884 Dépêches ministérielles relatives à la réforme monétaire....................... 9
Ses. ext.

Dépôts et consignations.

1886 Dépôts et consignations (vœu relatif au paiement des annuités dues à la caisse des).. 142
Ses ord
1888 Dépôts et consignations (déficit dans la caisse des).................................. 520
Ses. ord.

Député.

1885 Ses. ord. Député de l'Inde (blâme infligé au)...... 110

Détournement.

1883 Ses. ord. Détournement commis par un comptable du service des contributions de Pondichéry..................... 540, 550, 572
1883 Ses. ord. Détournement commis par un comptable du service des contributions de Karikal.................... 547, 554, 559
1883 Ses. ord. Détournement commis à Karikal (Responsabilité du receveur du domaine et des béchecars au sujet de)........... 566

Dette.

1882 Ses. ord. Dette envers la métropole........ 178, 300
1885 Ses. ext. Dette envers la métropole (demande de remise de la)....................... 230
1885 Ses. ord. Dette envers la métropole (vœu relatif à la remise de la).................. 205
1886 Ses. ord. Dette envers la métropole (proposition d'ajourner le paiement de la)... 223, 560
1886 Ses. ord. Dette envers la métropole (vœu relatif à la remise de la).................. 144
1888 Ses. ord. Dette envers la colonie (Remise à la commune de Karikal d'une)........... 201
1891 Ses. ord. Dette envers la caisse des dépôts et consignations (amortissement de la). 128, 133

Direction de l'intérieur.

1882 Ses. ext. Directeur de l'intérieur (Question posée par M. le Faucheur au sujet de l'absence du)......................... 58
1882 Ses. ord. Direction de l'intérieur (création d'un emploi de délégué de la) dans les Dépendances. 120, 140, 195, 217, 235, 241, 262, 550
1882 Ses. ord. Direction de l'intérieur (réorganisation de la)......................... 21, 155
1883 Ses. ext. Directeur de l'intérieur (attributions du) dans les Dépendances.............. 171

1883 Ses. ord. Directeur de l'intérieur (nécessité de déterminer ses attributions dans les Dépendances)........................ 20
1883 Ses. ord. Direction de l'intérieur (achat d'une maison destinée au bureau de la).... 48
1885 Ses. ext. Direction de l'intérieur (réorganisation du cadre de la)..................... 236
1885 Ses. ext. Direction de l'intérieur (cadre du personnel auxiliaire de la)......... 254, 501
1885 Ses. ord. Directeur de l'intérieur (attributions du) dans les Dépendances.............. 710
1886 Ses. ord. Direction de l'intérieur (bibliothèque de la)............................... 183
1888 Ses. ord. Directeur de l'intérieur (traitement du) porté à 18,000 francs.............. 214
1889 Ses. ord. Direction de l'intérieur (économie réalisée sur le crédit de la)................. 174
1891 Ses. ord. Direction de l'intérieur (construction de deux grilles à l'hôtel de la)......... 206

Discours.

1882 Ses. ext. Discours de M. le Gouverneur........ 2
1882 Ses. ext. Discours de M. Bayol sur la situation du budget de 1882.................. 59
1882 Ses. ext. Discours de M. H. Rozario sur la situation du budget de 1882.............. 75
1882 Ses. ord. Discours de M. le Gouverneur......... 3
1883 Ses. ext. Discours de M. le Gouverneur......... 3
1883 Ses. ord. Discours de M. le Gouverneur........ 3
1884 Ses. ext. Discours de M. le Gouverneur........ 3
1884 Ses. ext. Discours de M. Fort Saint-David. Discussion au sujet de l'omission de ce discours..................... 15, 17, 27
1884 Ses. ord. Discours de M. le Gouverneur........ 2
1885 Ses. ext. Discours de M. le Gouverneur........ 2
1885 Ses. ord. Discours de M. le Gouverneur.......... 2

1886 Ses. ord. Discours de M. le Gouverneur........ 3
1887 Ses. ext. Discours de M. le Gouverneur........ 2
1887 Ses. ord. Discours de M. le Gouverneur........ 2
1888 Ses. ord. Discours de M. le Gouverneur........ 2
1889 Ses. ext. Discours de M. le Gouverneur........ 2
1890 Ses. ord. Discours de M. le Gouverneur........ 2
1891 Ses. ord. Discours de M. le Gouverneur........ 2

Dispensaire

1886 Ses. ord. Dispensaire........................ 201

Domaine.

1889 Ses. ord. Domaine public (projet de délibération relatif à des empiètements commis sur le)........................ 30

Donation.— Dons.

1885 Ses. ext. Donation d'un immeuble par M. Dourgachorone Roquitte............. 131, 312
1887 Ses. ord. Dons faits à la Colonie de diverses parcelles de terres destinées à l'agrandissement de l'étang de Cadouvanour... 445
1888 Ses. ord. Don au Conseil général de la copie d'un tableau de M. Prud'homme......... 18
1888 Ses. ord. Donation de deux terrains pour l'agrandissement de l'école de Mahé......... 58
1889 Ses. ord. Donation de M. Prankistochowdry à l'effet d'instituer une médaille d'encouragement à l'étude du français.......... 25
1889 Ses. ord. Donation immobilière affectée à la Colonie par un habitant du territoire anglais........................ 20
1801 Ses. ord. Dons de M. Cou-Latchoumounachettiar........................ 433, 451

Droits (contributions).

1882 Ses. ext.. Droit d'entrée sur les charrettes (exposé des motifs concernant le); projet de

délibération sur la création de ce même droit........................ 85

1882 Ses. ext. Droit d'entrée sur les charrettes (rapport de la commission sur la création d'un). 86

1882 Ses. ext. Droit sur les charrettes (discussion relative à la création d'un) ; amendement de M. Chanemougom ; retrait de cet amendement.............. 86, 87, 106

1882 Ses. ext. Droits des lods et ventes (rapport de la commission sur l'augmentation des).. 90

1882 Ses. ext. Droits de lods et ventes (exposé des motifs concernant l'augmentation des). 89

1882 Ses. ext. Droit sur le callou (exposé des motifs concernant l'assiette et le mode de perception du)........................ 90

1882 Ses. ext. Droit sur le callou (rapport de la commission sur l'assiette et le mode de perception du)...................... 95

1882 Ses. ext. Droit sur le timbre (exposé des motifs de projet de décret relatif au)....... 106

1882 Ses. ext. Droit sur le timbre (rapport et contre projet de décret proposé par la commission relativement au) ; discussion sur l'ensemble du contre projet. 114, 110 à 135

1882 Ses. ext. Droits sur les spiritueux (exposé des motifs concernant les remaniments des) ; discussion............... 152, 155

1882 Ses. ext. Droits sur les vins et liqueurs (amendement de M. Duchamp sur les)....... 160

1882 Ses. ord. Droit pour l'introduction, la fabrication et le débit des spiritueux (révision de la législation du)................ 18, 20

1882 Ses. ord. Droit sur les timbres (examen par article du projet de délibération sur le).. 51, 77

1882 Ses. ord. Droit sur les charrettes (modification proposée par M. Chanemougom au tarif des taxes en ce qui concerne le). 176

1882 Ses. ord. Droit de pêche dans l'Hoogly (exposé des motifs relatif au) ; projet de délibération.............................. 232

1882 Ses. ord. Droits de tonnage (exonération des) accordée au bateau de la Compagnie Kartz Brothers......................... 251

1882 Ses. ord. Droits sur les charrettes (observation sur le mode de perception à Pondichéry des)........................ 383
1882 Ses. ord. Droit de quai et de débarcadère (exemption en faveur de certaines denrées du). 384
1882 Ses. ord. Droits sur les spiritueux (motion de M. Chanemougom au sujet des)........ 533
1882 Ses. ord. Droit sur les spiritueux (disposition transitoire pour la perception à Chandernagor du)........................ 550
1883 Ses. ext. Droit sur les vins et liqueurs (projet de délibération sur le)................ 10
1883 Ses. ext. Droit sur les charrettes à Mahé........ 54
1883 Ses. ext. Droit sur le ganja et banguy.......... 56
1883 Ses. ext. Droit de pêche dans l'Hoogly......... 57
1883 Ses. ext. Droit sur les vins et liqueurs........... 58
1883 Ses. ord. Droit de timbre (motion relative à l'exemption du) pour les demandes de certificats de versement au trésor.... 233
1883 Ses. ord. Droit de tonnage et de manifeste (vœu relatif à l'exemption en faveur des vapeurs affectés à un service périodique et régulier du).............. 234
1883 Ses. ord. Droit de lods et ventes (réduction apportée au tarif du)................ 407, 411
1884 Ses. ext. Droits de lods et ventes (au sujet des) 21, 22, 31
1885 Ses. ext. Droits de lods et ventes................ 53
1885 Ses. ext. Droit de pêche dans l'Hoogly...... 65, 188
1885 Ses. ext. Droit de quai et de débarcadère....... 72
1885 Ses. ext. Droit sur les spiritueux........... 191 486
1885 Ses. ext. Droit sur les spiritueux................ 486
1885 Ses. ext. Droit perçu sur les grains par le Gouvernement anglais (exonération du).. 160

1885 Ses. ext. Droit sur le tabac........... 61, 180, 620

1885 Ses. ext. Droits à percevoir par la société du port (projet de délibération sur les)....... 621

1885 Ses. ord. Droit sur le timbre (prévision de la recette du)........................ 401

1886 Ses. ord. Droits indirects à Karikal (perception en ferme de certains)......... 477, 514

1886 Ses. ord. Droit de timbre (au sujet de la prévision du); discussion du conseil ramenant ce droit à 23 cent. soit 1 fanon..... 330, 334

1886 Ses. ord. Droit de tonnage et de manifeste........ 334

1887 Ses. ext. Droits sur les charrettes à Chandernagor (tarif des)...................... 23

1887 Ses. ord. Droits sur le tabac (assiette et mode de perception des).................. 38

1887 Ses. ord. Droits sur les charrettes à Pondichéry et à Karikal (mise en ferme de la perception des); rapport de la commission de finances........... 69, 70

1887 Ses. ord. Droits de quai et débarcadère (prévision du tarif des).............. 532, 539, 568

1887 Ses. ord. Droits de greffe pour Chandernagor (exposé des motifs relatif à la suppression au budget de 1888 de la prévision des recettes à titre de)....... 514

1888 Ses. ord. Droit de certificat d'origine (prévision du)........................... 380

1888 Ses. ord. Droit sur les charrettes (exemption du)........................ 371, 375

1889 Ses. ext. Droit sur le padany (voir padany).... 32, 101

1889 Ses. ord. Droit sur le bétel........... 303, 312, 413

1889 Ses. ord. Droit sur le timbre (demande d'une commission pour étudier le)... 302, 304

1890 Ses. ord. Droit sur le bétel (pétition relative au).... 11

1890 Ses. ord. Droit sur le bétel........................ 230

1890 Ses. ord. Droit sur les charrettes........... 223, 405

1890 Ses. ord. Droits de greffe (au sujet des)..... 190, 192
1890 Ses. ord. Droit sur le timbre : exemption de ce droit aux actes commerciaux rejetée ; proposition d'exempter de ce droit les demandes d'autorisation de se servir d'instruments de musique, rejetée.......................... 192, 203
1890 Ses. ord. Droit de péage sur le pont de Pandaquel.............................. 247
1890 Ses. ord. Droit sur l'extraction et la vente du pa-dany.............................. 250
1890 Ses. ord. Droit sur les passeports (au sujet du)... 258
1891 Ses. ord. Droit sur les tabacs..... 70, 85, 195, 315, 316, à 321
1891 Ses. ord. Droit sur les charrettes (au sujet du).. 34, 52, 315
1891 Ses. ord. Droit de timbre sur les effets de commerce.......................... 309
1891 Ses. ord. Droit d'étalonnage des poids et mesures (modification à l'assiette, au mode de perception du)...................... 375
1891 Ses. ord. Droit d'enregistrement (au sujet de l'extension du)......................... 311

Droit (Cours de).

1885 Ses. ord. Droit (cours de) à Chandernagor...... 387
1886 Ses. ord. Droit (allocation pour le cours de) à Karikal.............................. 283
1888 Ses. ord. Droit (Indemnité pour frais du service à l'école de)......................... 260
1889 Ses. ext. Droit (création de nouveaux cours de) à Karikal............................ 432

Droit (cours de).

1889 Ses. ord. Droit (vote d'un crédit pour permettre aux étudiants en) de Chandernagor, de venir passer leurs examens à Pondichéry......................... 287, 420
1890 Ses. ord. Droit (création de deux nouveaux cours de)................................. 161

1891 Ses. ord. Droit (augmentation des crédits pour le cours de)........................ 240

1891 Ses. ord. Droit (frais de route et de séjour aux étudiants en)........................ 354

Droit électoral.

1883 Ses. ext. Droit électoral des indiens (demande de publication d'un arrêt de la cour de cassation relatif au)............ 29, 54

Échange.

1885 Ses. ext. Échange d'un terrain pour la construction d'un parc à charbon.............. 95

1889 Ses. ord. Échange de terrains entre la colonie et la commune de Pondichéry.......... 24

1889 Ses. ord. Échange de terres pour l'ouverture d'une route........................... 20

1890 Ses. ord. Échange de terrains à Bahour........ 395

1891 Ses. ord. Échange de terrains (demande d') faite par le sieur Cannagavatyar, Laclef.. 461

1891 Ses. ord. Échange de terrains entre la colonie et des particuliers..... 342, 343, 350, 425

Éclairage.

1888 Ses. ord. Éclairage des hôtels du Gouverneur et des administrateurs............ 268, 274

1889 Ses. ord. Éclairage de l'hôtel du Gouvernement........................ 167, 170

1889 Ses. ord. Éclairage des hôtels des administrations et des administrateurs.......... 280, 292

1891 Ses. ord. Éclairage de l'hôtel du Gouvernement.................. 137, 242 422,

École.

1882 Ses. ord. École des filles de Chandernagor. (Augmentation du nombre des institutrices de l')........................... 235

1883 Ses. ext. Écoles primaires (rapports de l'inspecteur des)........................ 225

1884 Ses. ext. Écoles primaires (affectation à donner à un crédit de 10,000 fr. prévu au plan de campagne pour la construction de deux)........................ 17, 20

1885 Ses. ext. École primaire supérieure (création d'une)........................ 201, 480

1885 Ses. ord. École Sainte-Eugénie (achat de terrains pour l'agrandissement de l'). Exposé des motifs. Rapport et délibération........................ 237, 641

1885 Ses. ord. Écoles libres (subvention aux.) Discours du Gouverneur........................ 27

1885 Ses. ord. École primaire supérieure Calvé (choix du directeur de l')........................ 252

1885 Ses. ord. École primaire des garçons à Karikal (choix du personnel enseignant de l'). 680

1885 Ses. ord. École primaire ; (vote d'un crédit pour la désignation d'un directeur européen.) 396

1885 Ses. ord. École primaire des garçons à Mahé (désignation d'un instituteur breveté comme directeur de l')........................ 425

1885 Ses. ord. École des garçons à Yanaon (désignation d'un instituteur breveté comme directeur de l')........................ 441

1885 Ses. ord. École d'apprentissage (création à Chandernagor d'une)........................ 546

1886 Ses. ord. Écoles primaires (dépôt d'ouvrages classiques pour les élèves des)...... 67, 442

1886 Ses. ord. Écoles libres (subventions aux)........ 201

1886 Ses. ord. École primaire des garçons à Karikal (organisation d'un cours supérieur de français à l')........................ 201

1886 Ses. ord. École de filles à la Grande-Aldée (demande de création d'une institutrice de français à l')........................ 262

1886 Ses. ord. École de filles à Cotchéry (demande de création d'un emploi d'institutrice à l'). 262

1887 Ses. ord. École de Couroumbagarom (achat d'un terrain pour la construction de l')... 63

1887 Ses. ord. École primaire supérieur (discussion sur le rétablissement à l') des cours d'anglais préparatoires aux examens de l'université de Madras........................ 165

1887 Ses. ord. École de Chandernagor (mise à la charge du budget de la colonie de toutes les dépenses de l')........................ 506

1888 Ses. ord. École de Mahé (donation de deux terrains pour l'agrandissement de l') . . . 158

1888 Ses. ord. École des filles à Modéliarpeth (création d'une) 484

1888 Ses. ord. École primaire supérieure ; cours pour la préparation au brevet supérieur ; enseignement de l'anglais . . . . 160 à 163

1888 Ses. ord. École de Canacalapettah (au sujet de l') 163, 169

1889 Ses. ord. École de Karikal (création d'un cours supérieur à l') 206, 209

1889 Ses. ord. École de Chandernagor. (Création d'un cours supérieur à l') 206, 209

1889 Ses. ord. Écoles de Chalacara et de Pandaquel (vœu tendant au rétablissement des). 206

1889 Ses. ord. École des filles de Yanaon. (Au sujet de l') 209

1889 Ses. ord. École des garçons de Karikal (logement du concierge de l') 285

1890 Ses. ord. École primaire (acquisition de terrains à Yanaon pour la construction d'une) . . 248

1890 Ses. ord. École coloniale (subvention à un étudiant de l') 162, 168

1890 Ses. ord. École primaire des garçons à Chandernagor. (Motion de M. Dumaine tendant à avoir deux professeurs français, Européens ou Créoles pour l') 90

1891 Ses. ord. École de Karikal (demande d'un cours de dessin pour l') 157

1891 Ses. ord. École de filles à Moutalpeth 156

1891 Ses. ord. École de Rettiarpaléom (construction d'une) 281, 298, 451

1891 Ses. ord. École à Yanaon. (Création d'un maître d') 159

Économies.

1883 Ses. ext. Économies à réaliser dans les dépenses des personnels des divers services publics 140

1885 Ses. ord. Économies à réaliser dans les dépenses par la réduction de crédits au nouveau taux de la roupie 562

Église.

1882 Ses. ord. Église de Chandernagor (subvention pour l'achèvement de l')............ 249
1883 Ses. ext. Église de Chandernagor. (Vote d'une subvention pour l'achèvement de l').. 109
1890 Ses. ord. Église de Karikal (subvention à l'). 166, 426

Élection.

1883 Ses. ord. Élection de M. Laporte (au sujet de l'). 68

(Voir: Arrêt, droit électoral.)

Élèves.

1885 Ses. ext. Élèves en médecine (au sujet des)..... 348
1889 Ses. ext. Élèves internes et externes attachés à l'hôpital (au sujet des).... 142, 144, 246
1890 Ses. ord. Élève en pharmacie (motion de M. Nunez, tendant à la création d'un emploi d')........................ 304

Émigration.

1891 Ses. ord. Émigration dans les colonies françaises (vœu tendant à demander au Gouvernement anglais de favoriser l')...... 500

Empiètement.

1889 Ses. ord. Empiètements commis sur le domaine public (projet de délibération au sujet des)................................ 30

Emprunt.

1885 Ses. ord. Emprunt (prorogation du paiement de la 6e annuité de l')............ 108, 207
Dépêche ministérielle................ 351
Incident provoqué par la lecture de cette dépêche............................ 356
Mode de paiement des annuités....... 239

Encaisse.

1886 Ses. ord. Encaisse métallique du service local au 31 décembre 1886 (au sujet de l'). . 63

Enregistrement.

1887 Ses. ord.	Enregistrement et domaine........... 120
1887 Ses. ord.	Enregistrement (exposé des motifs concernant l'établissement de l') dans la colonie.................. 380, 387, 399
1891 Ses. ord.	Enregistrement (au sujet de l'extension du droit de l')....................... 311

Enseignement primaire.

1888 Ses. ord.	Enseignement primaire ; (augmentation des dépenses)..................... 158
1888 Ses. ord.	Enseignement primaire ; (engagement à exiger des instituteurs)............ 159
1888 Ses. ord.	Enseignement primaire ; (école primaire supérieure)........................ 160
1888 Ses. ord.	Enseignement primaire ; (enseignement de l'anglais).................. 161, 169
1891 Ses. ord.	Enseignement primaire (proposition de modifier les dispositions de l'arrêté concernant l'obtention des brevets pour l'.)............................. 250

Enseignement secondaire.

1886 Ses. ord.	Enseignement secondaire (création d'un établissement d')................ 261

Étalonnage.

1888 Ses. ord.	Étalonnage (modification au tarif du décret d') en ce qui concerne le parah. 361
1891 Ses. ord.	Étalonnage de poids et mesures (modification à l'assiette et au mode de perception du droit d')................ 375

Etang.

1882 Ses. ord.	Etang de Bahour (vœu au sujet de l'abattage des arbres plantés dans l')...... 386
1882 Ses. ord.	Etang d'Oussoudou (vote de crédit pour le curage de l'étang de l')........... 444
1882 Ses. ord.	Etang de Corcadou (agrandissement de l')................................ 461
1883 Ses. ext.	Etang de Corcadou (agrandissement de l')...................... 84, 109, 110
1883 Ses. ext.	Etang d'Archivack (agrandissement de l')............................ 89, 94

Année	Objet	Pages
1883 Ses. ext.	Etang de Bahour. (Travaux à exécuter dans l')	92
1883 Ses. ext.	Etang d'Oussoudou. (Travaux à exécuter aux murs de revêtement du grand)	93
1883 Ses. ord.	Etang de Bahour (proposition d'abattre les arbres plantés dans l')	374
1885 Ses. ext.	Etang de Kirmanpacom (agrandissement de l')	424
1885 Ses. ord.	Etang de Kirmanpacom (agrandissement de l')	681
1886 Ses. ord.	Etang d'Archivack. (Canal alimentaire de l')	426
1887 Ses. ord.	Etang de Cadouvanour (don fait à la colonie de diverses parcelles de terre destinées à l'agrandissement de l')	445
1887 Ses ord.	Etang de Kirmanpacom (agrandissement de l')	449
1887 Ses. ord.	Etang de Canapett (demande de renforcement des digues de l') et de divers canaux de décharge	613
1889 Ses. ord.	Etang de Cadouvanour. (Acquisition des terrains situés dans l'intérieur de l')	21
1889 Ses. ord.	Etang de Kirmanpacom (demande de travaux pour retenir les eaux de l')	402, 446
1889 Ses. ord	Etang de Kirmanpacom (agrandissement de l')	424
1891 Ses. ord.	Etang d'Oussoudou (au sujet des canaux du grand d')	307
1891 Ses. ord.	Etangs (réparation des canaux et digues des)	309
1891 Ses. ord.	Etangs à Yanaon (curage de divers)	292

État civil.

Année	Objet	Pages
1891 Ses. ord.	Etat civil (confection des tables décennales des actes de l')	238, 254

Exemption. Exonération.

Année	Objet	Pages
1883 Ses. ext.	Exonération de divers droits	70
1885 Ses. ext.	Exonération des taxes de navigation	35, 56, 334, 487
1885 Ses. ext.	Exonération du droit perçu sur les grains par le Gouvernement anglais	469
1885 Ses. ext.	Exonération de la redevance sur les mines	483

1885 Ses. ord. Exonération d'impôt pour les terres à concession à Yanaon 123
1886 Ses. ord. Exemption des droits sur les maisons. (Paillottes à Karikal)............... 472
1886 Ses. ord. Exemption du droit de péage.......... 473
1886 Ses. ord. Exonération du droit de quai........... 558
1887 Ses. ext. Exonération. (Exposé des motifs concernant l') à accorder aux patentables de 1886 ; exemption en 1887..... 22
1887 Ses. ord. Exemption du droit sur les récklas (demandes d')......................... 625
1888 Ses. ord. Exemption du droit sur les charrettes. 371, 375
1888 Ses. ord. Exemption des taxes de navigation à Mahé.............................. 89

Exploration.

1882 Ses. ord. Exploration (exposé des motifs relatif à un permis d') accordé à M. Deloncle (François)......................... 78
1883 Ses. ext. Exploration (exposé des motifs concernant une extension du permis d') accordé à M. Deloncle (François). 124, 314

Exposition.

1884 Ses. ext. Exposition d'Anvers........... 18, 24, 27
1886 Ses. ord. Exposition de 1889 (participation de la colonie à l')...................... 502
1887 Ses. ord. Exposition (désignation d'un délégué au comité d')......................... 98
1887 Ses. ord. Exposition universelle de 1889. (Exposé des motifs concernant l'affectation à l') d'une somme de 4,850 fr......... 562
1888 Ses. ord. Exposition permanente des colonies (subvention à l')..................... 260

Expropriation.

1882 Ses. ord. Expropriation (exposé des motifs concernant la composition du jury d').... 80
1883 Ses. ord. Expropriation (exposé des motifs concernant la composition du jury d')... 96

1885 Ses. ext. Expropriation (exposé des motifs concernant la composition du jury d')... 109
1885 Ses. ext. Expropriation pour cause d'utilité publique.................. 95, 481
1885 Ses. ord. Expropriation des terrains destinés à la construction d'un marché à Pondichéry.......................... 89, 649
1886 Ses. ord. Expropriation (Jury d')............... 33
1887 Ses. ord. Expropriation. (Composition du jury d'). 102
1888 Ses. ord. Expropriation (Composition du jury d') (exposé des motifs)............. 43, 44
1889 Ses. ord. Expropriation. (Jury d')............... 16
1890 Ses. ord. Expropriation. (Jury d')............... 387
1891 Ses. ord. Expropriation. (Jury d')............... 54

Fabrique.

1886 Ses. ord. Fabrique de Mahé (subvention à la)... 292
1887 Ses. ord. Fabrique de Mahé (motion de M. Nunez tendant à augmenter la subvention faite à la); Rejet de cette motion.... 160
1890 Ses. ord. Fabrique de Chandernagor (proposition de M. Dumaine tendant à l'augmentation du subside servi à la).......... 76
1890 Ses. ord. Fabrique de Mahé (proposition de M. Nunez tendant au rétablissement du subside accordé à la)............... 78
1891 Ses. ord. Fabrique de Mahé (subvention à la).... 149

Félicitations

1885 Ses. ord. Félicitations à M. le Président de la République et à M. De Freycinet.. 237, 335
1887 Ses. ord. Félicitations au Président de la République Sadi-Carnot................ 111

Fermes.

1882 Ses. ord. Fermes des terres domaniales à Yanaon. 185
1885 Ferme des terres domaniales (Aug-

Ses. ord. mentation des décimes alloués à la commune de Yanaon sur le produit de la)........................ 680
1886 Ferme des spiritueux (au sujet de la). . 456,
Ses. ord. 586
1886 Ferme de la perception de certains
Ses. ord. droits indirects à Karikal...... 477, 514
1887 Ferme des licences des débits de spiri-
Ses. ord. tueux à Pondichéry et à Karikal. (Mise en)........................ 80
1888 Ferme des bacs à Yanaon............ 478
Ses. ord.
1890 Ferme des bacs à Yanaon. (produit de
Ses. ord. la)................................ 255

Frais de justice et frais de représentation.

1882 Frais de justice et de procédure. (Aug-
Ses. ord. mentation des prévisions pour). 199, 237, 268, 220, 402
1883 Frais de justice et de procédure (aux
Ses. ext. agents des).................. 179, 182
1885 Frais de représentation au chef de ser-
Ses. ext. vice de Chandernagor.............. 387
1887 Frais de justice (tarif des)............ 720
Ses. ord.
1887 Frais en matières criminelle, correction-
Ses. ord. nelle et de simple police (tarif des). . 673
1889 Frais de justice et de procédure (au
Ses. ord. sujet des)................... 193, 199
1889 Frais de justice (au sujet du rembourse-
Ses. ord. ment des).......................... 306

Frais de route.

1885 Frais de route et de séjour. (Tarif des). 412
Ses. ord.
1886 Frais de route et de séjour. (Tarif des). 237
Ses. ord.

Frais de route.

1891 Frais de route et de séjour aux étudiants
Ses. ord. en droit............................ 354

Frais de tournées.

1890 Frais de tournées du chef du service des
Ses. ord. contributions (augmentation des) . . . 124

1890 Ses. ord. Frais de tournées à l'ingénieur colonial du service des ponts et chaussées.. 138, 142
1891 Ses. ord. Frais de tournées du contrôleur ambulant des contributions....... 190, 194

Ganja et banguy.

1882 Ses. ord. Ganja et du banguy à Karikal, Mahé et Yanaon (exposé des motifs concernant la création du droit d'introduction, de culture et de vente du)..... 183
1882 Ses. ord. Ganja et du banguy à Karikal, Mahé et Yanaon (projet de délibération sur la création du droit d'introduction, de culture et de vente du).............. 184
1883 Ses. ext. Ganja et du banguy (droit sur le)........ 56

Garde champêtre.

1882 Ses. ext. Gardes champêtres (adoption du vœu de la commission tendant à faire rapporter l'arrêté du Gouverneur organisant le corps des)................ 34
1885 Ses. ord. Gardes champêtres (augmentation de l'effectif des) ; rapport............. 284
Vote du crédit...................... 291
1888 Ses. ord. Gardes champêtres (réduction de l'effectif des......................... 202

Garde-meubles.

1889 Ses. ord. Garde meubles (création d'un) à l'hôtel du Gouverneur...................... 167

Goretty.

1882 Ses. ext. Goretty (exposé des motifs concernant les revenus de)...................... 97

Gouvernement, Gouverneur.

1883 Ses. ext. Gouvernement (au sujet de l'entretien du mobilier du)................ 153
1885 Ses. ord. Gouverneur (voyage du) dans les dépendances ; crédit pour les dépenses du)............................ 344
1888 Ses; ord. Gouverneur (voyage du) dans les dépendances............................ 509

1889 Ses. ord. Gouvernement (création d'un garde meubles à l'hôtel du)................ 167
1889 Ses. ord. Gouverneur (voyage du) dans les dépenses)............................ 561
1891 Ses. ord. Gouverneur (voyage du)................ 34

Greffe, greffier.

1885 Ses. ord. Greffes (achat de coffre-forts pour les). 279
1887 Ses. ord. Greffe à Chandernagor (exposé des motifs relatif à la suppression au budget de 1888 de la prévision de recettes à titre de droits de)................ 554
1890 Ses. ord. Greffe (au sujet des droits de).......... 190
1891 Ses. ord. Greffier (frais de service des)..... 149, 151

Gymnastique.

1891 Ses. ord. Gymnastique (indemnité au maître de) à Karikal............................ 157

Hangars.

1889 Ses. ord. Hangars (construction de) pour la salaison des poissons à Mahé...... 382, 446

Hoogly.

1883 Ses, ext. Hoogly (droit de pêche dans l')....... 57
1883 Ses. ord. Hoogly (demande de suppression du droit de pêche dans l') 216, 218
1891 Ses. ord. Hoogly (construction de deux jetées sur la berge de l')............................ 341

Hôpital.

1882 Ses. ord. Hôpital (construction à Karikal d'un)... 313
1882 Ses. ord. Hôpital (location à Karikal d'une maison pour l')........................ 522
1883 Ses. ext. Hôpital (construction à Karikal d'un). 84, 109
1883 Ses. ord. Hôpital de Karikal (achat d'une nouvelle portion de terrain pour la construction de l')........................ 47

1883 Hôpital de Karikal; (vœu relatif aux me-
Ses. ord. sures à prendre en cas d'épidémie).. 256
1883 Hôpital (création à Yanaon d'un).. 303, 310,
Ses. ord. 455
1888 Hôpital de Chandernagor (au sujet de
Ses. ord. l')................................. 274
1889 Hôpital (redevance au comité de bien-
Ses. ord. faisance pour le terrain de l')........ 162
1889 Hôpital (au sujet des élèves internes et
Ses. ord. externes attachés à l')..... 142, 244 à 246
1890 Hôpital (au sujet du service de l')...... 292
Ses. ord.
1891 Hôpital (interprète d'anglais à l')....... 207
Ses. ord.
1891 Hôpital et de la pharmacie de Karikal
Ses. ord. (demande de gratification pour les
agents de l')........................ 212

Horloge.

1886 Horloge (achat d'une) pour l'hôtel du
Ses. ord. chef de service de Karikal........... 199

Huissier.

1885 Huissier attaché au cabinet de l'instruc-
Ses. ord. tion (suppression de la solde de l'). 264, 274

Impôt.

1882 Impôt foncier (rapport de la commission
Ses. ext. sur la régularisation des rôles de l').. 135
1882 Impôt foncier (maintien de la remise de
Ses. ext. 10 p. 0/0 accordée sur l'............ 140
1882 Impôt foncier (échange d'observations
Ses. ext. au sujet des arriérés de l')..... 143 à 150
1882 Impôt foncier (rôle supplémentaire de
Ses. ord. l'.......................... 360, 373, 556
1882 Impôt foncier à Pondichéry (diminution
Ses. ext. de la prévision pour l')............ 374
1885 Impôt foncier; (révision des comptes des
Ses. ord. paymaches.......................... 457
1885 Impôt sur les maisons.................. 592
Ses. ord.
1886 Impôt sur les maisons....... 326, 370, 384
Ses. ord.

1886 Ses. ord. Impôt sur les maisons (exemption de l'). 472
1888 Ses. ord. Impôt sur les maisons ; (suppression de cet impôt)........................ 328
Dégrèvements sur l'exercice 1886...... 293
Projet de délibération.................. 548
1888 Ses. ord. Impôt foncier (exemption des terres à concession à Yanaon de l')......... 596
1889 Ses. ord. Impôt sur les maisons ; (maintien de la suppression de cet impôt)...... 301, 308
1890 Ses. ord. Impôt foncier (demande de renseignements au sujet de l')................. 17
1891 Ses. ord. Impôt sur les voitures et chevaux.. 34 à 52, 196, 312
1891 Ses. ord. Impôt foncier (au sujet de l')........... 310

Imprimerie.

1882 Ses. ord. Imprimerie (vœu de M. Gallois-Montbrun sur le mode d'exécution des travaux de l')........................ 420
1883 Ses. ext. Imprimerie (au sujet des travaux confiés au service de l').............. 305
1886 Ses. ord. Imprimerie (au sujet de la solde du chef de l')................................ 226
1886 Ses. ord. Imprimerie proposition de faire établir sur bordereau général les imprimés en usage dans les divers services de la colonie............................. 228
1888 Ses. ord. Imprimerie (gestion en régie de l')..... 248
Exposé des motifs...................... 249
Projet de contrat........................ 250
Rapport................................. 253
1890 Ses. ord. Imprimerie ; (achat de caractères). 152, 426
1891 Ses. ord. Imprimerie ; (achat de caractères). 226, 254
1891 Ses. ord. Imprimerie (augmentation en faveur du chef de l').......... 226

Incomplet.

1882 Ses. ord. Incomplet (déduction pour)............. 195

Indemnité.

1885 Ses. ord. — Indemnité de déplacement aux desservants.......... 243, 260

1885 Ses. ord. — Indemnité de logement aux desservants de Yanaon.......... 449

1889 Ses. ord. — Indemnité demandée par MM. Parry et Cie adjudicataires du monopole pour l'introduction et la fabrication des spiritueux à Pondichéry.......... 65

1889 Ses. ord. — Indemnité pour l'entretien des instruments de chirurgie.......... 243, 246 à 247

1890 Ses. ord. — Indemnité (augmentation de l') au médecin de la marine pour les soins à donner aux fonctionnaires à domicile). 294, 299

1890 Ses. ord. — Indemnité pour l'entretien des instruments de chirurgie.......... 297

Inondation.

1885 Ses. ext. — Inondation; (demande d'assistance)... 35, 388, 443, 476

1885 Ses. ext. — Inondations (pertes des récoltes causées par les).......... 597

1885 Ses. ord. — Inondations (remercîments au Ministre de la marine, au Sénateur de l'Inde pour les subsides accordés à l'occasion des).......... 44

Inspecteur primaire.

1883 Ses. ext. — Inspecteur des écoles primaires. (Rapport de l').......... 225

1886 Ses. ord. — Inspecteur primaire (au sujet de la suppression de l'emploi de l').......... 155

Inspection permanente.

1882 Ses. ext. — Inspection permanente (observation de l') sur une demande de pankas pour la salle de délibération.......... 13

Instituteur.

1889 Ses. ord. — Instituteurs (vœu relatif au recrutement des).......... 204, 209

1890 Ses. ord. — Instituteurs (vœu relatif au recrutement des).......... 82

Instruction publique.

1883 Ses. ext. Instruction publique (discussion relative aux dépenses de l') 220

1883 Ses. ord. Instruction publique (motion de M. Gallois-Montbrun relatif à l') 33

1883 Ses. ord. Instruction publique (désignation de la commission d') 36, 594

1883 Ses. ord. Instruction publique (compétence du Conseil général au sujet des questions d') 170

1883 Ses. ord. Instruction publique (vœu relatif à une augmentation de traitement en faveur du personnel du service de l') 242

1885 Ses. ext. Instruction publique (réorganisation du service de l') 478

1886 Ses. ord. Instruction publique (budget de l'), Pondichéry 154

Instruction publique (budget de l'), Chandernagor 246

Instruction publique (au sujet de l'), Karikal 261

1889 Ses. ord. Instruction publique (au sujet de l') 204

1891 Ses. ord. Instruction publique (au sujet des dépenses de l') 156, 157, 159

Interprète.

1888 Ses. ord. Interprètes du service judiciaire (réorganisation du corps des) 282, 475

1889 Ses. ord. Interprètes (augmentation de la solde de deux) 193

1890 Ses. ord. Interprètes d'anglais à Pondichéry 72

1890 Ses. ord. Interprètes d'anglais à Chandernagor. 72, 404

1891 Ses. ord. Interprète d'anglais à l'hôpital 207

1891 Ses. ord. Interprète du trésor chargé de la certification des signatures tamoules (au sujet de l') 188

Irrigation.

1890 Irrigation (proposition de donner un

Ses. ord. aide aux surveillants (d') de Nédouncadou et de la Grande-Aldée... 126, 130
1891 Irrigation (au sujet des canaux du grand
Ses. ord. étang d'Oussoudou)................ 307

Jardin colonial.

1882 Jardin colonial de Karikal (concession
Ses. ord. à la commune de Karikal pour le)... 287
1888 Jardin colonial (au sujet des dépenses
Ses. ord. du).............................. 242
1889 Jardin colonial (Demande de fermage
Ses. ord. des cocotiers du)................. 430
1889 Jardin colonial (au sujet du magasinier
Ses. ord. comptable du).................... 272
1890 Jardin colonial (achat de graines et
Ses. ord. de plantes pour le)................ 151
1891 Jardin colonial (achat de graines et
Ses. ord. de plantes pour le)................ 225
1891 Jardin colonial (augmentation de la solde
Ses. ord. du chef de culture du)............. 225

Joncans.

1882 Joncans (rapport de la commission sur
Ses. ext. l'extension de la ligne des)......... 103

Jury.

1882 Jury d'expropriation (exposé des motifs
Ses. ord. concernant la composition du)...... 80
1883 Jury d'expropriation (exposé des motifs
Ses. ord. concernant la composition du)....... 96
1885 Jury d'expropriation (exposé des motifs
Ses. ext. concernant la composition du)...... 109
1885 Jury d'expropriation.................. 117
Ses. ord.
1886 Jury d'expropriation.................. 33
Ses. ord.
1887 Jury d'expropriation (composition du).. 102
Ses. ord.
1888 Jury d'expropriation (composition du)
Ses. ord. exposé des motifs; listes......... 43, 44
1889 Jury d'expropriation.................. 16
Ses. ord.
1890 Jury d'expropriation.................. 387
Ses. ord.

1891 Ses. ord. Jury d'expropriation.................. 54

Laldiguy.

1888 Ses. ord. Laldiguy (plaine de) à Chandernagor... 412

1889 Ses. ord. Laldiguy (plaine de)..... 264, 270, 271, 393, 444

Lazaret.

1883 Ses. ord. Lazaret (demande de crédit pour la construction d'un).................. 385

Lettre.

1882 Ses. ord. Lettre de M. le Directeur de l'intérieur Haas au sujet de la publication du journal le Progrès de Karikal........ 135

1883 Ses. ext. Lettre de M. le président du Conseil général à M. le Ministre sur la situation financière de la colonie............... 23

1883 Ses. ext. Lettre de M. le Gouverneur relative à l'exécution des travaux neufs. 63, 114, 129

1883 Ses. ord. Lettre du président du Conseil général au Ministre au sujet des travaux neufs. Réponse du Ministre............ 19, 21

1885 Ses. ord. Lettre des électeurs de Chandernagor protestant contre le manquement à son devoir de M. Candassamyassaryar, conseiller général............ 96

1890 Ses. ord. Lettre du Gouverneur au sujet des modifications proposées au budget de 1891 par la commission des finances. 188

Licences.

1886 Ses. ord. Licences des spiritueux et de callou à Mahé (adjudication des)............. 223

1887 Ses. ord. Licences des débits de spiritueux à Pondichéry et à Karikal (mise en ferme des)............................ 80

1890 Ses. ord. Licence pour l'introduction et la vente des spiritueux (au sujet du rétablissement dans la loge de Calicut d'une)... 214

1890 Ses. ord. Licences des débits d'eau-de-vie, de gin (augmentation du nombre de)......... 288

1891 Ses. ord. Licence des débits de callou............314

1891 Ses. ord. — Licences pour débit de spiritueux à Chandernagor et à Karikal ; (augmentation de la prévision de cette recette). 314

Location.

1889 Ses. ord. — Location de deux terrains domaniaux situés dans la loge de Calicut........ 27

1889 Ses. ord. — Location de deux terrains domaniaux à Bahour à la société des Missions Étrangères.......................... 421

1889 Ses. ord. — Location de l'ancien presbytère à Mahé. 424

1889 Ses. ord. — Location d'un immeuble affecté au logement du président des assises à Yanaon.............................. 423

1890 Ses. ord. — Location des terrains servant de chantier aux bois.......................... 98

1890 Ses. ord. — Location des terrains domaniaux à Bahour.............................. 390

1891 Ses. ord. — Location d'une maison destinée à servir de bureau au percepteur de la loge de Calicut (crédit pour la)........... 191

1891 Ses. ord. — Location d'un terrain sis à Kirmanpacom (demande de)..................... 462

1891 Ses. ord. — Location des terres domaniales. 58, 62, 65, 423, 430

Lods et ventes.

1882 Ses. ext. — Lods et ventes (exposé des motifs concernant l'augmentation des droits de). 89

1882 Ses. ext. — Lods et ventes (rapport de la commission sur l'augmentation des droits de). 90

1883 Ses. ord. — Lods et ventes (réduction portée au tarif des droits de)................. 407, 411

1884 Ses. ext. — Lods et ventes (droit de)....... 21, 22, 31

1885 Ses. ext. — Lods et ventes (droit de)................ 53

1885 Ses. ord. — Lods et ventes (vœu relatif à la législation sur le droit de)................. 462

Loge.

1883 Ses. ord. — Loge de Dacca ; (question posée à l'Administration sur la mission confiée à M. Haas, commissaire de la République). 216

1886 Ses. ord. Loge de Calicut (au sujet de la mise en ferme du droit de vente des spiritueux dans la)........................ 381
1886 Ses. ord. Loge de Surate (produit de la)........ 982
1888 Ses. ord. Loge de Mazulipatam; (demande d'acquisition de terrain).................... 563
1889 Ses. ord. Loge de Calicut (location de deux terrains domaniaux situés dans la). 27
1889 Ses. ord. Loge de Calicut (demande de M. Baptiste tendant à frapper les spiritueux d'un droit d'introduction et de fabrication dans la)........................ 310
1890 Ses. ord. Loge de Calicut (au sujet du rétablissement dans la) d'une licence pour l'introduction et la fabrication et la vente des spiritueux.................... 214
1890 Ses. ord. Loge de Dacca (au sujet de la).... 384, 426
1890 Ses. ord. Loge de Calicut (au sujet de la)........ 214
1890 Ses. ord. Loge de Dacca (rapport relatif à la). 384, 426
1890 Ses. ord. Loge de Surate (rapport relatif à la location de la)..................... 411, 426
1891 Ses. ord. Loge de Calicut; (crédit pour la location d'une maison destinée à servir de bureau au percepteur................ 101

Logements insalubres.

1885 Ses. ext. Logements insalubres (exposé des motifs concernant l'application dans la colonie de la législation métropolitaine sur les)............. 97, 474, 477
1885 Ses. ext. Logements insalubres (dépêche ministérielle au sujet de la promulgation dans la colonie de la loi sur les)............ 98

Loi.

1883 Ses. ord. Loi sur le service militaire (motion relative à l'application dans l'Inde de la). 83. 493

Macouas.

1882 Macouas (proposition pour la suppres-

Ses. ord. sion de la caisse des); rapport de la commission.................. 478, 481

1883 Ses. ord. Macouas (au sujet de la caisse des secours mutuels des)............... 102

1886 Ses. ord. Macouas (caisse de secours des)........ 658

1888 Ses. ord. Macouas (reconstruction du village des). 537

1891 Ses. ord. Macouas (augmentation de la solde des écrivains des)..................... 224

Magasin central.

1889 Ses. ord. Magasin central à Paris (crédit pour les dépenses du)...................... 278

Magasins généraux.

1885 Ses. ord. Magasins généraux (construction à Pondichéry de)...................... 611, 684

1887 Ses. ord. Magasins généraux (exposé des motifs relatif à l'établissement de)........... 658

1888 Ses. ord. Magasins généraux (création de)... 288, 542

1889 Ses. ext. Magasins généraux (construction à Pondichéry de)....................... 43

1889 Ses. ord. Magasins généraux (au sujet des terrains achetés pour la construction de)..... 44

Magistrats.

1883 Ses. ext. Magistrats (frais de transport des) en matière criminelle........ 180, 187, 315

Mandats poste.

1885 Ses. ext. Mandats poste....................... 585

Médecin.

1882 Ses. ord. Médecin de 1re classe de la marine à Karikal (vœu de M. Gaston de La Barre de Nanteuil au sujet d'un)........... 275

1889 Ses. ext. Médecin civil (vœu relatif au)...... 13, 66

1889 Ses. ord. Médecin civil à Pondichéry (au sujet de l'établissement d'un)... 57, 72, 248, 530

1890 Ses. ord. Médecin de la marine (vœu relatif à l'envoi d'un) à Karikal.............. 306

1890 Ses. ord. Médecins de la marine (augmentation de l'indemnité aux) pour les soins à donner aux fonctionnaires à domicile........................ 294, 299
1890 Ses. ord. Médecin civil (au sujet du)....... 295, 297
1891 Ses. ord. Médecin principal au chef-lieu (rétablissement de l'emploi de)........ 18 à 30
1891 Ses. ord. Médecins des colonies (envoi des) à Chandernagor et à Karikal..... 18 à 30

Médicaments.

1885 Ses. ord. Médicaments; (délivrance gratuite aux élèves des écoles primaires)......... 256
1885 Ses. ord. Médicaments (prévision du remboursement du prix de cession des)....... 474
1888 Ses. ord. Médicaments (demande d'envoi à Mahé d'une grande quantité de)........... 239

Messageries maritimes.

1891 Ses. ord. Messageries maritimes (ajournement de la construction d'un escalier au bureau des)........................... 297

Mines.

1883 Ses. ord. Mines (exposé des motifs concernant un projet de décret sur les) minières et carrières....................... 124, 129
1883 Ses. ord. Mines de Bahour (demande de concession pour l'exploitation des)........ 132
1883 Ses. ord. Mines de Bahour (demande d'autorisation de construire une ligne de chemin de fer pour desservir les)....... 275, 474
1885 Ses. ext. Mines (exonération de la redevance sur les)................................ 483

Ministère.

1886 Ses. ord. Ministère (composition du nouveau)... 221
1887 Ses. ext. Ministère (avis de la constitution d'un nouveau)............................ 10
1887 Ses. ext. Ministère (avis de la composition d'un nouveau)............................ 410

Mobilier.

1883 Mobilier du Gouvernement (au sujet de
Ses. ext. l'entretien du 153
1889 Mobilier des hôtels des administrateurs
Ses. ord. (au sujet du)................. 178, 189
1890 Mobilier des hôtels des administrateurs
Ses. ord. (renouvellement du)................. 64
1891 Mobilier des hôtels des administrateurs
Ses. ord. (refus de crédits pour le)........... 137
1891 Mobilier aux percepteurs (refus du cré-
Ses. ord. dit pour le)......................... 189

Mont-de-piété.

1882 Mont-de-piété (pétition des employés du) 548
Ses. ord.

Mosquée.

1890 Mosquée Mirapally et Couttoubapally
Ses. ord. (augmentation de la subvention en
faveur de la)......................... 386
1891 Mosquée (transfert de la subvention à la). 149
Ses. ord.

Musée.

1890 Musée à Pondichéry (création d'un).... 405
Ses. ord.

Nattarvaïkal.

1882 Nattarvaïkal (vœu au sujet de la distri-
Ses. ord. bution des eaux du)................. 300
1882 Nattarvaïkal (curage du)............. 301
Ses. ord.
1885 Nattarvaïkal (crédit pour le curage du). 557
Ses. ord.

Navigation.

1885 Navigation (exonération des taxes de). 35,
Ses. ext. 56, 334, 407
1885 Navigation (prévision de la recette des
Ses. ord. taxes de)......................... 463
1886 Navigation (perception des taxes de) à
Ses. ord. Karikal......................... 273
1886 Navigation (au sujet de la prévision des
Ses. ord. taxes de)......................... 334
1888 Navigation (exemption à Mahé des taxes
Ses. ord. de).............................. 89

Négociation.

1880 Ses. ord. — Négociation et de change (au sujet des frais de)........................ 40, 68

1891 Ses. ord. — Négociation et de change (exposé des motifs relatif au compte des frais de). 494

Noular.

1889 Ses. ord. — Noular (curage de la rivière de)...... 388

1890 Ses. ord. — Noular (curage du)............ 333, 427

1891 Ses. ord. — Noular (motion tendant au curage du).. 274

Observations météorologiques.

1889 Ses. ord. — Observations météorologiques (supplément à l'écrivain chargé de recueillir des)............................ 243, 249

Officiers de santé.

1885 Ses. ext. — Officiers de santé (assimilation des)... 273

1885 Ses. ext. — Officiers de santé (cession des livres aux)................................ 278

1885 Ses. ext. — Officiers de santé (équivalence du diplôme des)........................ 274

1885 Ses. ord. — Officiers de santé (vœu tendant à faire établir un tour de roulement entre les)................................ 317

1885 Ses. ord. — Officier de santé (création d'un emploi d') à Karikal......................... 416

1886 Ses. ord. — Officiers de santé (visite à faire dans les aldées par les)..................... 203

1888 Ses. ord. — Officiers de santé (augmentation de la solde des)........................... 235

1889 Ses. ord. — Officiers de santé chargés des consultations gratuites (supplément aux).... 243, 249

1889 Ses. ord. — Officiers de santé (honoraires des).... 244

1889 Ses. ord. — Officiers de santé à Mahé (vœu relatif à l'envoi des).................... 260

1890 Ses. ord. — Officier de santé de 1re classe (création d'un emploi d')................ 294, 297

1890 Ses. ord. Officiers de santé (vœu relatif au choix d') à envoyer à Mahé et à Yanaon... 306
1891 Ses. ord. Officier de santé de la prison (augmentation de la solde de l')........... 176

Opium.

1882 Ses. ord. Opium (cession au Gouvernement anglais du privilège d'achat de 300 caisses d') 321
1883 Ses. ord. Opium (conversion de notre privilège sur 300 caisses d') en une prestation de 3,000 francs.................. 215
1888 Ses. ord. Opium (conversion relative au privilège de l'achat de 300 caisses d')........ 91
1889 Ses. ext. Opium (convention avec le Gouvernement anglais pour la vente à Chandernagor de l')..................... 30
1890 Ses. ord. Opium (rapport concernant l'introduction et la vente de l')............... 226

Orphelinat.

1887 Ses. ord. Orphelinat (proposition d'organiser l') sur de nouvelles bases ; discussion... 765

Oupar.

1882 Ses. ord. Oupar (construction d'une digue dans la rivière d')......................... 442

Padany.

1889 Ses. ext. Padany (droit sur l'exploitation des palmiers en)....................... 32, 101
1889 Ses. ord. Padany (droit sur l'extraction et la vente du).................................. 315
1890 Ses. ord. Padany (droit sur l'extraction et la vente du).................................. 253

Pagode.

1890 Ses. ord. Pagode de Tirouncandjy (demande de concession de terrains domaniaux faite par la)......................... 398

Palais de justice.

1882 Ses. ord. Palais de justice à Karikal (agrandissement du)................................ 281

Pankas.

1882 Ses. ext. Pankas (motion de M. Bayol pour l'installation des)........................ 9
1882 Ses. ext. Pankas (observation de l'inspecteur permanent sur une demande de) pour la salle de délibération..................... 13
1882 Ses. ext. Pankas (vote d'un crédit pour la confection d'un)........................ 141
1882 Ses. ord. Pankas (motion de M. Bayol au sujet de l'installation d'un).................. 12

Parc colonial.

1885 Ses. ext. Parc colonial (cession à la commune de Pondichéry du).................. 483
1885 Ses. ext. Parc colonial (vente à M. Cornet d'une partie du)........................ 87
1885 Ses. ord. Parc colonial (aliénation d'une portion du)........................ 655, 703
1886 Ses. ord. Parc colonial (perception en régie du produit du)........................ 354

Parité.

1885 Ses. ext. Parité d'office (fixation de la solde de)............................ 256

Passages.

1882 Ses. ord. Passages pour Saïgon (au sujet des)... 423
1883 Ses. ext. Passages pour Saïgon (au sujet des)... 317
1883 Ses. ord. Passage de M. Haas (imputation de la dépense relative aux frais de).. 548, 573
1885 Ses. ext. Passages accordés aux fils de M. Chovel........................ 106
1885 Ses. ord. Passages (dégrèvement accordé à des fonctionnaires, du prix de).......... 649
1887 Ses. ext. Passages pour France accordés à deux des fils du Directeur de l'intérieur... 11
1887 Ses. ord. Passage et trousseau accordés au jeune Oria........................ 73
1888 Ses. ord. Passage (économie à réaliser sur les frais de).................... 210, 282
1889 Ses. ord. Passages des Administrateurs des dépendances (au sujet des frais des.... 296
1889 Passages pour Saïgon (augmentation du

Ses. ord. crédit supplémentaire pour la concession des)........................ 43
1889 Passage (concession d'un) à Mlle Anna
Ses. ord. Le Faucheur........................ 426
1890 Passages pour Saïgon (demande de
Sés. ord. rétablir l'indemnité pour... 162, 303, 394

Passe-ports.

1890 Passe-ports (au sujet du droit sur les)... 258
Sés. ord.

Patchalas.

1885 Patchalas (proposition relative à la
Sés. ord. création à Chandernagor de)....... 378

Patentes.

1885 Patentes (contributions des)...........
Sés. ord.
Rapport........................ 604
Projet de délibération......... 606, 613 632
Discussion........................ 571, 605
Tarif........................ 607, 622 627
1886 Patentes (révision de la contribution
Sés. ord. des)........................ 539
Lettre de M. le Gouverneur..........
Rapport........................ 546, 581, 587
Procès verbaux de la chambre de commerce........................ 553
Discussion........................
Projet de délibération........................ 588
Tarif........................ 607, à 623
1887 Patentes (exposé des motifs concernant
Ses. ext. la classification des marchands de vins en détail aux tableaux des)..... 21
1887 Patentables de 1886; exemption en 1887
Sés. ext. (exonération à accorder aux)....... 22
1887 Patentes (proposition de porter les mar-
Ses. ord. chands d'indigo à la 4e classe du tarif des)........................ 564
1888 Patentes (contributions des).........
Ses. ord.
Droit propotionnel........................ 316
Tableau des patentables.......... 355, 545
Marchands de bois en chantier....... 355
Commissionnaires en graines......... 359

Notaires........................... 360
Projet de délibération................ 544
1880 Ses. ord. Patente (proposition d'exonérer du droit de) les bois en chantier à Karikal... 308
1890 Ses. ord. Patentes (modification à la contribution des) en ce qui concerne les conseils agréés, notaires, commissaires-priseurs et huissiers.................. 204

Péage.

1885 Ses. ext. Péage à Mahé (exonération du droit de) 476
1885 Ses. ord. Péage (droit de) sur les charrettes projet de délibération ; prévision de la recette....................... 635, 636
1886 Ses. ord. Péage (droit de) sur les charrettesà Chandernagor................ 364, 586
1886 Ses. ord. Péage (Exemption du droit de) à Pondichéry........................... 473
1886 Ses. ord. Péage (tarif du droit de) à Chandernagor.............................. 625
1888 Ses. ord. Péage (droit de) sur le pont de Pandaquel............................. 482
1890 Ses. ord. Péage (droit de) sur le pont de Pandaquel................ 247, 255 327, 426
1891 Ses. ord. Péage (droit de)............... 34, 52, 315

Pêche.

1882 Ses. ord. Pêche dans l'Hoogly (exposé des motifs relatif au droit de) ; projet de délibération........................... 232
1883 Ses. ord. Pêche dans l'Hoogly (demande de suppression du droit de).......... 216, 218
1885 Ses. ord. Pêche dans l'Hoogly (droit de)..... 65, 188

Pédagogie.

1889 Ses. ord. Pédagogie (cours de) à l'école primaire supérieure.................... 205, 209

Pension.

1882 Ses. ord. Pension (réclamation de Mme Passagne veuve d'un gémédar au sujet de la liquidation de sa).................... 349

1885 Ses. ext. Pension de retraite (proposition relative aux conditions exigées pour une) 273

1887 Ses. ord. Pension de retraite (avance à faire aux agents en expectative d'une)........ 18

1889 Ses. ord. Pension aux veuves des soubedars Tettaravou et Check Ibramhim)......... 160

Percepteur.

1891 Ses. ord. Percepteur de la loge de Calicut (crédit pour la location d'une maison destinée à servir de bureau au).......... 191

1891 Ses. ord. Percepteurs (refus de crédit pour le mobilier aux)........................ 189

Permis.

1891 Ses. ord. Permis de coupe (au sujet du).......... 191

Pétition.

1887 Ses. ord. Pétitions 36, 67, 78. 107, 190, 340, 378, 412.................................. 607

1887 Ses. ord. Pétitions présentées au Conseil local de Chandernagor.............................. 615

1887 Ses. ord. Pétitions présentées au Conseil local de Karikal..................................... 767

Pétitions présentées au Conseil général 615

Pétitions présentées au Conseil local de Karikal.................................... 615

Pétitions présentées au Conseil local de Mahé.................................... 617

Pétition présentées au Conseil local de Yanaon.................................. 617

1888 Ses. ord. Pétitions.................... 421, 523, 564

1889 Ses. ord. Pétitions............. 12. 143, 208, 342, 412

1889 Ses. ord. Pétitions (rapport concernant les) 426, 527, 556

1890 Ses. ord. Pétitions (rapport sur les) 243. 251, 302, 481, 414, 447

1891 Ses. ord. Pétitions (rapport sur les 353, 410, 426, 434, à 441, 453, 458, 459, à 468, 475, 480

Phare.

1885 Phare (transformation du système
Ses. ord. d'éclairage du)................ 283 492
1885 Phare (achat d'un appareil dioptrique
Ses. ord. pour le)....................... 303
1891 Phare de Mahé (achat de cheminées
Ses. ord. pour le)....................... 224, 421

Pharmacie, pharmacien.

8885 Pharmacie civile (organisation à Pon-
Ses. ext. dichéry d'une).................. 624
1885 Pharmacie du Gouvernement (dépêche
Ses. ord. ministérielle relative aux fonctionnaires
de la).................................. 627
1885 Pharmacie du Gouvernement (organisa-
Ses. ord. tion de la)...................... 320
1880 Pharmacien de 2e classe de la marine
Ses. ord. (supplément au).................. 248
1800 Pharmacie (motion de M. Nunez ten-
Ses. ord. dant à la création d'un emploi d'élève
en)..................................... 304
1891 Pharmacie du Gouvernement (entretien
Ses. ord. de la)......................... 381 306

Pier.

1889 Pier de Karikal.................. 473 480
Ses. ord.
1891 Pier (augmentation de la solde du sous-
Ses. ord. chef du)....................... 224

Plan de campagne.

1882 Plan de campagne des travaux (exercice
Ses. ord. 1883)........................ 203, 467
1882 Plan de campagne de Mahé.............. 224
Ses. ord.
1882 Plan de campagne de Chandernagor...... 244
Ses. ord.
1882 Plan de campagne de Karikal........... 280
Ses. ord.
1882 Plan de campagne de Pondichéry (exer-
Ses. ord. cice 1883)...................... 431
1883 Plan de campagne de Mahé.............. 316
Ses. ord.
— d'Yanaon................ 318

1883 Plan de campagne de Karikal.......... 324
Ses. ord. — de Chandernagor.... 346
— de Pondichéry...... 356
1885 — de Pondichéry...... 391
Ses. ext. — de Chandernagor.... 425
— de Karikal.......... 434
— de Mahé.......... 428
— d'Yanaon.......... 430
Plan de campagne extraordinaire de Pondichéry.......................... 449
Plan de campagne extraordinaire de Karikal.............................. 455
1885 Plan de campagne de Pondichéry..... 500
Ses. ord.
— de Chandernagor... 542
— de Karikal......... 550
— de Mahé.......... 547
— d'Yanaon......... 548
1885 Plan de campagne de Pondichéry..... 500
Ses. ord.
— de Chandernagor... 542
— de Karikal......... 550
— de Mahé.......... 547
— d'Yanaon.......... 548
1885 Plan de campagne extraordinaire de
Ses. ext. Pondichéry...................... 693
— de Karikal.......... 695
1886 Plan de campagne de Pondichéry...... 391
Ses. ord.
— de Chandernagor.... 428
— de Karikal........... 433
— de Mahé............ 438
— d'Yanaon........... 441
1887 Plan de campagne de Pondichéry...... 455
Ses. ord.
— de Chandernagor 501 506
— de Karikal...... 506 508
— de Mahé............ 521
— de Yanaon.......... 523
1888 — de Pondichéry...... 456
Ses. ord. — de Chandernagor... 454
— de Karikal.......... 437
— de Mahé............ 435
— de Yanaon.......... 420

1889 Ses. ord Plan de campagne Rapport............ 377
— de Yanaon.......... 378
— de Mahé............ 380
— de Karikal.......... 385
— de Chandernagor.... 392
— de Pondichéry...... 395
1890 Ses. ord. — (discussion sur le rapport du).......................... 315
Rapport.................................. 318
— de Yanaon.......... 319
— de Mahé............ 324
— de Karikal.......... 330
— de Chandernagor.... 337
— de Pondichéry...... 342
1891 Ses. ord. Plan de campagne extraordinaire de Pondichéry........................ 254, 291
Plan de campagne ordinaire de Pondichéry........................ 258 à 291
Plan de campagne supplémentaire de Pondichéry.................. 291 à 302

Plantations.

1888 Ses. ord. Plantations à Mahé (crédit pour des)... 244
1889 Ses. ord. Plantations à Mahé (suppression du crédit pour les)............. 264, 270, 272

Poids et mesures.

1885 Ses. ord. Poids et mesures (redevance pour l'étalonnage des)......................... 59
Uniformité du tarif à Pondichéry ; prévision de la recette)............. 106, 483
1887 Ses. ord. Poids et mesures (exposé des motifs relatif au projet de décret concernant le droit d'étalonnage des)........... 575
1887 Ses. ord. Poids et mesures (projet de décret concernant la vérification des).... 582, 588
1888 Ses. ord. Poids et mesures (modification à la taxe des) en ce qui concerne le parah.... 361

Poids et mesures.

1891 Ses. ord. Poids et mesures (modification au mode de perception du droit d'étalonnage des)................................ 375

Police.

1882 Ses. ord. Police à Chandernagor (vœu au sujet de la réorganisation de la)........... 238
1882 Ses. ord. Police (vœu au sujet de la réorganisation du service de la)................ 414
1882 Ses. ord. Police (organisation du service de la). 50, 190
1883 Ses. ext. Police; (organisation du service). Rapport de la sous-commission... 190 à 218
1883 Ses. ord. Police (cadre du personnel du service de la)........... 181, 185, 406, 407, 408
1885 Ses. ext. Police (augmentation du traitement des agents de la)..... 247, 316, 340, 363, 379
1885 Ses. ext. Police (création d'un poste de) dans le quartier nord de la ville indienne.... 399
1885 Ses. ord. Police (au sujet du cadre des adjudants de)................................ 283
1885 Ses. ord. Police (costume des commissaires de)... 285
1885 Ses. ord. Police (service de la) Pondichéry, Chandernagor, Karikal Mahé et Yanaon.................282, 408, 428, 443
1886 Ses. ord. Police (au sujet du service de la)....... 174
1887 Ses. ord. Police (service de la)............. 130, 194
1888 Ses. ord. Police. (Réorganisation à Pondichéry du service de la)............... 196, 199
1888 Ses. ord. Police. (Indemnité de cherté de vivres aux agents de police à Mahé)....... 197
1889 Ses. ord. Police (au sujet du service de la)...... 226
1889 Ses. ord. Police (poste de) près de l'Arselar.... 386
1890 Ses. ord. Police à Karikal (création d'un emploi de commissaire adjoint de); refusée.. 115
1890 Ses. ord. Police (au sujet de l'augmentation de solde de l'inspecteur de)... 114, 118, 307
1890 Ses. ord. Police (au sujet du service de la).. 113, à 123, 307
1891 Ses. ord. Police (tour de roulement des gardes de)................................ 176
1891 Ses. ord. Police (au sujet de l'inspecteur de).... 174 176 à 178

1891 Police (au sujet de la)........ 174 à 179
Ses. ord.
1891 Police (au sujet de l'ameublement des
Ses. ord. postes de).................... 175

Pompe.

1887 Pompe à incendie pour Karikal. (Ex-
Ses. ord. posé des motifs concernant l'inscription d'un crédit de 1,300 fr. au budget de 1888 pour l'achat d'une...... 625
1891 Pompe à incendie de la caserne (renou-
Ses. ord. vellement des tuyaux de la)......... 242

Ponceaux.

1882 Ponceau (demande de construction
Ses. ord. d'un) sur le chemin conduisant au
bûcher de Coursoucoupom..... 94, 95
1886 Ponceaux syphons aux diverses routes
Ses. ord. à Karikal (construction de).......... 484
1890 Ponceaux (ajournement de la construc-
Ses. ord. tion d'un) à Tirouvandarcovil......... 426

Pont.

1882 Pont à Yanaon (vote d'un crédit pour
Ses. ord. la construction d'un)................ 228
1883 Pont à Mettacour (construction d'un)... 81
Ses. ord.
1885 Pont (construction d'un) sur le Bangar-
Ses. ext. vaïkal.............................. 30
1885 Pont sur la route de Nagour (construc-
Ses. ext. tion d'un)........................... 445
1885 Ponts sur la route de la frontière. (Cons-
Ses. ext. truction de)......................... 420
1885 Pont d'Ariancoupom (construction du). 137
Ses. ord. 690
1885 Pont du Chounambar (construction du) 136
Ses. ord. 691
1888 Pont du Pandaquel (construction du)... 436
Ses. ord.
1888 Pont de Pandaquel ; (droit de péage)... 482
Ses. ord.
1889 Pont de Pandaquel (ouverture d'un
Ses. ord. crédit supplémentaire pour la construction d'un)........................ 526

1890 Ses. ord. Pont de Pandaquel (droit de péage sur le)................... 247, 255, 327, 426
1890 Ses. ord. Pont débarcadère à Chandernagor. 316, 330
1891 Ses. ord. Pont à vannes sur le Bangarvaïkal (construction du)................. 298
1891 Ses. ord. Pont sur le Coudouvéar (construction du) 297
1891 Ses. ord. Ponts (demande de construction et d'élargissement de)................... 453
1891 Ses. ord. Pont débarcadère à Chandernagor (crédit pour l'achèvement des travaux du).. 293

Ponts et chaussées.

1882 Ses. ord. Ponts et chaussées (vœu de M. Pandicondalasoubaya, tendant à obtenir un conducteur des) pour le creusement d'un canal à Yanaon.......... 193
1882 Ses. ord. Ponts et chaussées (demande d'un conducteur de 1re classe des)........... 243
1882 Ses. ord. Ponts et chaussées (discussion au sujet du service des)................... 417
1882 Ses. ord. Ponts et chaussées (demande faite par la commune de Pondichéry d'un conducteur des)........................ 514
1882 Ses. ord. Ponts et chaussées (demande pour Karikal d'un conducteur de 4e classe des). 524
1883 Ses. ext. Ponts et chaussées (réorganisation du service des)........................ 311
1883 Ses. ord. Ponts et chaussées (demande de la création d'un emploi de conducteur de 4e classe des)................. 344, 408, 413
1885 Ses. ord. Ponts et chaussées. Création d'un emploi de chef de comptabilité........ 329
Ponts et chaussées. Création d'un emploi de conducteur à Karikal......... 419
1886 Ses. ord. Ponts et chaussées (au sujet d'une économie à réaliser dans les dépenses du personnel des)....................... 205
1887 Ses. ord. Ponts et chaussées (service des) ; observations au sujet du traitement de l'ingénieur colonial et de la suppression d'un conducteur de 2e classe......... 344

1888 Ses. ord. Ponts et chaussées. (Exécution par voie d'entreprise des travaux des)........ 463
1889 Ses. ord. Ponts et chaussées (au sujet de l'emploi de conducteur principal des)... 262, 444
1890 Ses. ord. Ponts et chaussées (frais de tournée à l'ingénieur colonial du service des.. 138 142
1890 Ses. ord. Ponts et chaussées (au sujet du service des) à Chandernagor............ 138, 312
1891 Ses. ord. Ponts et chaussées (création d'emploi de chef d'atelier des)............... 214
1891 Ses. ord. Ponts et chaussées (au sujet du conducteur des) à Chandernagor.. 213, 219 à 223, 415, 417 à 421
1891 Ses. ord. Ponts et chaussées (suppression d'un emploi de conducteur auxiliaire des).......................... 214, 218

Ports.

1882 Ses. ord. Port de la Grande-Aldée (proposition de supprimer le crédit afférent au)..... 271
1883 Ses. ord. Port (création d'un emploi de lieutenant de) à Karikal..................... 251
1885 Ses. ext. Port (création à Mahé d'un bureau de). 368
1885 Ses. ext. Port (creusement à Pondichéry d'un).. 499, 603
1885 Ses. ext. Port (cahier de charges pour la construction d'un)....................... 615
1885 Ses. ext. Port (convention pour la construction d'un).............................. 612
1885 Ses. ext. Port (projet de délibération sur la concession à M. Bobin de la construction d'un) à Pondichéry................. 621
1885 Ses. ext. Port (projet de délibération sur les droits à percevoir par la société du)...... 621
1885 Ses. ord. Port à Pondichéry (construction d'un),
Discours du Gouverneur.............. 31
Vœu du Conseil général.............. 711
1888 Ses. ord. Port à Mahé (maintien de l'emploi de maître de)............................. 227
1889 Ses. ord. Port (supplément au lieutenant de) à Pondichéry.......................... 264

1890 Ses. ord. Port (au sujet du maintien de l'emploi du lieutenant de)................. 144
1891 Ses. ord. Port (création des nouveaux emplois d'agents constatateurs du).......... 224
1891 Ses. ord. Port (supplément au lieutenant de).... 224

Porteurs de correspondances.

1891 Ses. ord. Porteurs de correspondances (au sujet des)............................ 189, 190

Poste.

1885 Ses. ord. Poste anglaise (réclamation contre le fonctionnement du service de la).... 558
1888 Ses. ord. Poste française (distribution des lettres au guichet de la)................... 376
1890 Ses. ord. Poste à Yanaon (achat d'une balance pour le service de la)........... 125, 138

Poursuite

1883 Ses. ext. Poursuite contre le gérant du Progrès (rapport de la commission. Discussion.................... 39, 41, 72, 95

Pourvoi.

1883 Ses. ext. Pourvoi au Conseil d'Etat contre une décision du contentieux (demande d'autorisation de former un)...... 24, 43
1883 Ses. ord. Pourvoi (question posée au sujet d'un) formé contre un arrêt de la Cour, par le gérant du Progrès........ 137, 272

Prélèvement.

1883 Ses. ext. Prélèvement fait en 1882 (remboursement à la caisse de réserve d'un)... 143
1889 Ses. ord. Prélèvement à faire à la caisse de réserve.......................... 446, 561

Prestations.

1885 Ses. ext. Prestations (au sujet des)............ 231
1885 Ses. ext. Prestations accordées à quelques familles indiennes (dépêche ministérielle au sujet des).................. 232
1885 Ses. ord. Prestations (fixation en francs du montant des)..................... 225, 349

1888 Prestations à la famille Souprayapoullé. 143,
Ses. ord. 472
1888 Prestations à la famille Aroumbatlé.... 539
Ses. ord.
1889 Prestations au sieur Douressamypoullé. 162,
Ses. ord. 280, 290

Prime.

1891 Prime pour la vanille (suppression de la) 225
Ses. ord.

Prison.

1886 Prison à Pondichéry (construction
Ses. ord. d'une)........................ 389, 474
1887 Prison à Pondichéry (construction
Ses. ext. d'une)............................ 602
1887 Prison générale (travaux à exécuter à
Ses. ord. la) pour l'écoulement des eaux de
bain................................ 71
1887 Prison de Chandernagor (exposé des
Ses. ord. motifs relatif à une demande de cré
dit pour l'exécution de travaux de la). 556
1888 Prison (régime alimentaire de la)...... 204
Ses. ord.
1891 Prison (au sujet du rétablissement de
Ses. ord. l'emploi de commis comptable de
la)...................... 175, 182, 185
1891 Prison de Chandernagor (travaux à
Ses. ord. exécuter à la)............ 182, 185, 475

Procès-verbaux.

1882 Procès-verbaux (incident relatif à la
Ses. ord. publication des).................. 317
1882 Procès-verbaux (rectification aux).... 358
Ses. ord.
1889 Procès-verbaux (vœu relatif à la distribu-
Ses. ext. tion des brochures contenant les)... 157
1891 Procès-verbaux du Conseil colonial et du
Ses. ord. Conseil général (confection des tables
des)................................ 500

Puits artésiens.

1882 Puits artésien (vote d'un crédit pour le
Ses. ord. forage d'un)........................ 459
1882 Puits artésien de Bahour (exposé des

Ses. ord. motifs relatif aux travaux de construction du)........................ 535
1883 Ses. ext. Puits artésien (forage à Pondichéry d'un)........................... 88
1885 Ses. ext. Puits artésien.................. 402, 446
1888 Ses. ord. Puits artésien à Karikal (au sujet du).. 439
1888 Ses. ord. Puits artésien à Yanaon (forage d'un).. 270
1889 Ses. ord. Puits artésien à Chandernagor (proposition de forage d'un)...... 287, 420, 441
1889 Ses. ord. Puits artésien à Yanaon (proposition de continuer le forage d'un)........... 441
1890 Ses. ord. Puits artésien à Chandernagor (forage d'un)................................ 410
1891 Ses. ord. Puits artésien à Yanaon (forage d'un). 292

Quai.

1882 Ses. ord. Quai et débarcadère (exemption en faveur de certaines denrées du droit de)................................ 384
1885 Ses. ext. Quai et débarcadère (droit de)......... 72
1885 Ses. ord. Quai et débarcadère (prévision du droit de).................................. 470
1886 Ses. ord. Quai (exonération du droit de)........ 558
Quai (abandon demandé par la commune de Karikal du produit du droit de)... 484
1886 Ses. ord. Quai (exonération du droit de) en faveur des arachides.......... 578, 579, 586
1886 Ses. ord. Quai et débarcadère (prévision du droit de).................................. 341
1886 Ses. ord. Quai (continuation du mur de)......... 346
1886 Ses. ord. Quai (suppression de droit de)......... 558
1887 Ses. ord. Quai et débarcadère. (Révision du tarif des droits de).............. 532, 539, 568
1891 Ses. ord. Quai (continuation d'un mur de) à Mahé. 293

Questeur.

1883 Questeur (nomination d'un)........... 12
Ses. ext.

Rage.

1888 Rage (traitement de la)............... 594
Ses. ord.

Recensement.

1887 Recensement de la population (exposé
Ses. ord. des motifs concernant le)............ 31
1890 Recensement de la population...... 96, 179
Ses. ord.

Receveur-adjoint.

1891 Receveur-adjoint à Chandernagor (créa-
Ses. ord. tion d'un emploi de)................. 188

Redressement.

1886 Redressement du chemin de Dinarmar-
Ses. ord. dingua à Chandernagor........ 36, 494

Réforme monétaire.

1884 Réforme monétaire (dépêche ministé-
Ses. ext. rielle relative à la)............... 8, 33
1884 Réforme monétaire (projet de décret
Ses. ext. relatif à la)........................ 13

Règlement intérieur.

1882 Règlement intérieur (nomination d'une
Ses. ord. commission chargée de reviser le)..... 14
1882 Règlement intérieur du Conseil général
Ses. ord. (discussion de la révision du)........ 90
1884 Règlement intérieur du Conseil (propo-
Ses. ext. sition d'accepter le)................. 12

Remercîment.

1883 Remercîments à M. le Ministre (vote de). 29
Ses. ext.
1885 Remercîments au Ministre de la marine
Ses. ord. et au Sénateur de l'Inde pour les subsides accordés à l'occasion des inondations.................................. 44

Remise.

1882 Remise de 10 p. 0/0 (maintien de la)
Ses. ext. accordée sur l'impôt foncier......... 140

Renouvellement triennal.

1884 Ses. ext. Renouvellement triennal des membres du conseil.......................17, 35

1885 Ses. ext. Renouvellement triennal des membres du conseil....................... 30

Rente.

1885 Ses. ord. Rente (titre de) achat au nom du comité de bienfaisance de Chandernagor; transfert au nom de la colonie.. 516, 574

1885 Ses. ord. Rente (aliénation d'un titre de)........ 475

1885 Ses. ord. Rente de l'Inde (vœu tendant à faire imputer les annuités de l'emprunt pour la construction du chemin de fer sur le produit de la)...................... 707

2891 Ses. ord. Rente de l'Inde. (Rapport de la commission des finances sur la).......... 481

Retenue.

1885 Ses. ord. Retenue de 3 p. 0/0 sur le traitement du personnel.......................... 90

1885 Ses. ord. Retenue de 3 p. 0/0 sur les dépenses du budget local (contingent en représentation de la)...................... 206

Riz.

1889 Ses. ord. Riz (motion de M. Baptiste tendant à faire taxer le)......................... 476

1891 Ses. ord. Riz (demande de réglementer la vente du).................................. 426

Rôles.

1882 Ses. ext. Rôles de l'impôt foncier (rapport de la commission sur la régularisation des).. 135

1882 Ses. ord. Rôle supplémentaire de l'impôt foncier. 360 373, 556

1882 Ses. ord. Rôle supplémentaire de l'impôt foncier. 556

Roupie.

1885 ses. ord. Roupie (cause de la dépréciation de la valeur de la) Discours du Gouverneur. Discussion........................... 213

1886 Ses. ord. Roupie (proposition tendant à une nouvelle fixation de la valeur de la)..... 125

1886 Ses. ord. Roupie (motion de M. Maridassou-Doussamy tendant à faire établir la) comme monnaie courante et en déterminer la valeur légale suivant ses poids et titre........................ 125

Route.

1882 Ses. ord. Routes de Karikal (observation sur le mode d'entretien des)................ 288

1883 Ses. ext. Route de Tirnoular (empierrement de la)................................ 86

1883 Ses. ext. Route de Poréar (empierrement de la).. 86

1883 Ses. ord Routes empierrées de Karikal (crédit pour l'entretien des)................. 333

1883 Sas. ord. Routes du territoire de Pondichéry (crédit alloué pour l'entretien des)......... 365

1885 Ses. ord. Route du Pandaquel (crédit pour la construction de la)................. 548

1885 Ses. ord. Route de Poréar (crédit pour la construction de la)................. 555, 568

1886 Ses. ord. Route (construction de la) de Coundourgoth 38, 240

1888 Ses. ord. Route (déclassement à Karikal d'une).. 431

— (construction à Yanaon d'une).. 431

— (entretien des routes de Karikal). 441

— de Nédouncadou ; (empierrement neuf)........................ 448

1889 Ses. ord. Route de Goudelour (réparation de la).. 444

1889 Ses. ord. Route de Tirnoular (empierrement de la). 387

1891 Ses. ord. Route (déclassement d'une) dans la commune d'Oulgaret................. 53

1891 Ses. ord. Route de Manamodou à Bahour (demande de renseignements au sujet de la construction d'une)...................... 302

Ruelle.

1891 Sés. ord. Ruelle de Ameratolla à Boro. (Chandernagor) (achat de terrains pour le rétablissement de la ruelle)............. 424

Santé (service de)

1885 Ses. ord. Santé (assimilation des officiers de)... 273

1885 Ses. ext. Santé (cession de livres aux officiers de). 278

1885 Ses. ext. Santé (équivalence du diplôme d'officier de)........................ 274

1885 Ses. ord. Santé (service de); rapport......... 314

Discussion......................... 316

1885 Ses. ord. Santé. Vœu tendant à faire établir un tour de roulement entre les officiers de santé......................... 317

1885 Ses. ord. Santé. Création d'un emploi d'officier de santé à Karikal................ 416

1886 Ses. ord. Santé (service de) à Pondichéry...... 200

Secours.

1882 Ses. ord. Secours (au sujet de l'augmentation de la pension inscrite pour les)......... 331

1882 Ses. ord. Secours (décision du Conseil au sujet du chiffre de) qui ne doit jamais dépasser 20,000 francs...................... 422

1885 Ses. ext. Secours (exposé des motifs concernant un fonds de) à inscrire au budget de 1885, pour être mis à la disposition du Département....................... 296

1889 Ses. ord. Secours (reversibilité de)............ 531

1890 Ses. ord. Secours en cas d'épidémie et de sinistre (rejet de la proposition de l'Administration tendant à l'inscription d'un fonds de)......................... 170

1890 Ses. ord. Secours (reversibilité de)............ 415

1891 Ses. ord. Secours en cas d'épidémie et de sinistre (refus de crédit pour).............. 240

1891 Ses ord. Secours éventuels (demande d'augmentation de la somme mise à la disposition du Gouverneur pour)........... 243

1891 Ses ord. Secours annuels (augmentation du crédit de)............................ 251

Sel.

1883 Ses. ord. Sel. — Réduction du prix de vente du sel à Mahé en faveur de l'industrie de la salaison du poisson............ 281
1885 Ses. ext. Sel (mode de la vente du) à Karikal.... 192
1885 Ses. ord. Sel (prévision du produit de la vente du) 467
1885 Ses. ord. Sel (indemnité pour la cession du droit de vente du) à Chandernagor....... 477
1886 Ses. ord. Sel (au sujet de l'achat du)........... 234
1887 Ses. ord. Sel vendu aux saleurs de poissons de Mahé, (exposé des motifs concernant le prix du)......................... 683
1888 Ses. ord. Sel (convention relative à la vente du) à Chandernagor...................... 370
1888 Ses. ord. Sel (prévision du produit de la vente du) à Pondichéry...................... 374
1890 Ses. ord. Sel (au sujet de reconstruction du magasin au) à Mahé.............. 315, 325
1890 Ses. ord. Sel (proposition de vendre le) à M. de la Haye Jousselain, au prix de revient. 222

Sénateur.

1891 Ses. ord. Sénateur (allocation au)............... 475

Sercar.

1883 Ses. ord. Sercar (suppression à Chandernagor de l'emploi de)......................... 221

Service militaire.

1885 Ses. ext. Service militaire (application de la loi sur le)........................... 635

Situation financière.

1882 Ses. ord. Situation financière de la colonie (dépêche ministérielle sur la)........... 110
1883 Ses. ext. Situation financière de la colonie (lettre de M. le Président à M. le Ministre sur la)
Réponse du Ministre............... 23, 28

Société.

1890 Ses. ord. Société mutuelle des créoles (demande de subvention de la)............... 104

1890 Ses. ord. Société académique Indo-Chinoise de France (vœu de la) en faveur des Etablissements français de l'Inde....... 450

Solde.

1885 Ses. ext. Solde de parité d'office (fixation de la). 256

Discours du Gouverneur............... 2

1886 Ses. ord. Solde du personnel (motion de M. Joseph relative à la réduction de la). Discussion.......... 118, 138, 139, 187

1889 Ses. ord. Solde des administrateurs... 166, 182, 190

1891 Ses. ord. Solde des administrateurs (observation au sujet de la).................. 136

1891 Ses. ord. Solde des employés (demande de crédit pour augmenter la)................ 454

Souscription.

1883 Ses. ext. Souscription Gambetta et Chanzy. 38, 41, 313

1883 Ses. ord. Souscription Louis Blanc............... 37

1885 Ses. ord. Souscription pour le buste Schœlcher. 99

Spiritueux.

1882 Ses. ext. Spiritueux (exposé des motifs concernant le remaniement des droits sur les) 150

1882 Ses. ext. Spiritueux (rapport de la commission sur le remaniement des droits sur les). Discussion.................. 152, 155

1882 Ses. ord. Spiritueux (révision de la législation du droit d'introduction et de vente des); rapport de la commission...... 18, 26

1882 Ses. ord. Spiritueux (discussion relative à la révision de la législation du droit sur les)........................ 28, 38

1882 Sds. ord. Spiritueux (motion de M. Chanemougom au sujet des droits sur les)........ 533

1882 Spiritueux (disposition transitoire pour

Ses. ord. la perception à Chandernagor du droit sur les)........................ 550
1883 Spiritueux (application à Chandernagor
Ses. ord. de l'ancienne législation sur les). 44, 150, 499
1883 Spiritueux (fixation de la redevance à
Ses. ord. exiger à Pondichéry et à Karikal de l'adjudication du monopole des). 150, 230
1983 Spiritueux (renseignements relatifs à
Ses. ord. l'application à Mahé et à Yanaon de la nouvelle législation sur les).., 277, 295
1884 Spiritueux. (fixation en roupies de la re-
Ses. ext. devance à payer par l'adjudicataire de la ferme des)................ 15, 30
1885 Spiritueux (droit sur les)....... 191, 486
Ses. ext.
1885 Spiritueux. (Examen d'une proposition
Ses. ord. du Gouvernement anglais tendant à faire modifier la législation sur les).. 465
Modification de la législation sur les spiritueux à Mahé. Rapport......... 487
Projet de délibération................. 488
Minimum à obtenir dans les adjudications..................................... 680
1886 Spiritueux (adjudications des débits des) 29,
Ses. ord. 70, 135, 337 456, 570, 586
1886 Spiritueux et de callou à Mahé (adjudi-
Ses. ord. cation des licences des)............ 223
1886 Spiritueux. (Modification de la législa-
Ses. ord. tion sur les) à Karikal............... 522
1886 Spiritueux dans la loge de Calicut (au
Ses. ord. sujet de la mise en ferme des)....... 381
1886 Spiritueux. (Redevance pour le mono-
Ses. ord. pole des) à Karikal................. 658
1887 Spiritueux à Pondichéry et à Karikal
Ses. ord. (mise en ferme des licences des débits des)...................................... 80
1888 Spiritueux à Pondichéry (exposé des
Ses. ord. motifs concernant une réclamation de MM. Parry et Cie fermiers du monopole pour l'introduction et la fabrication des)................................. 490
1888 Spiritueux. (Mode d'adjudication des
Ses. ord. débits des)............................. 309

1888 Ses. ord. Spiritueux (débits de l'absinthe, de Whisky)........................ 474

1889 Ses. ext. Spiritueux (modification de la législation du droit sur les.) Discours du Gouverneur........................ 3
Exposé des motifs........................ 102
Projet de décret................ 108, 143
Rapport........................ 122, 135
Lettre du Gouverneur................ 125

1889 Ses. ord. Spiritueux (indemnité demandée par MM. Parry et Cie adjudicataires du monopole pour l'introduction et la fabrication des) à Pondichéry........ 65

1889 Ses. ord. Spiritueux (demande de M. Baptiste tendant à frapper les) d'un droit d'introduction et de fabrication dans la loge de Calicut........................ 310

1890 Ses. ord. Spiritueux (au sujet du rétablissement dans la loge de Calicut d'une licence pour l'introduction et les débits des). 214

1891 Ses. ord. Spiritueux (création d'un agent chargé de la surveillance des entrepôts des). 190, 196, 453

1891 Ses. ord. Spiritueux. (Licence pour débits des); augmentation de la prévision de cette recette........................ 314

Square.

1891 Ses. ord. Square (subvention à la commune de Chandernagor pour l'achèvement du). 203

Station agronomique.

1885 Ses. ext. Station agronomique (création d'une).. 288

1885 Ses. ord. Station agronomique; (diminution du crédit du matériel)................ 332
Construction d'un musée et d'un laboratoire........................ 534

1886 Ses. ord. Station agronomique (proposition de M. Chanemougam tendant à supprimer la). Rejet de cette proposition.— Convention avec M. Reynaud...... 218, 358

1888 Ses. ord. Station agronomique (suppression de la). 242

1889 Station agronomique (au sujet de la). 272,
Ses. ord. 299

Subside, Subvention.

1882 Subvention à la commune de Chander-
Ses. ord. nagor 250
1882 Subside à un étudiant en droit. 349
Ses. ord.
1882 Subventions aux communes de Karikal
Ses. ord. et de Nédouncadou. 511, 512
1883 Subventions aux communes. 82, 109, 110
Ses. ext.
1883 Subvention à la Métropole (proposition
Ses. ext. de demander une). 171
1883 Subventions votées en faveur des com-
Ses. ord. munes de Karikal. 262
1883 Subvention à la commune de Yanaon
Ses. ord. pour l'exécution de certains travaux. 311
1885 Subventions aux communes. 327, 353, 354,
Ses. ext. 383, 591, 598
1885 Subside extraordinaire à l'établissement
Ses. ord. et à la commune de Chandernagor. 88
1885 Subside aux musulmans de Yanaon pour
Ses. ord. reconstruire leur mosquée. 681
1885 Subventions accordées à l'occasion des
Ses. ord. inondations. (Emplois des). 687
Réduction du complément de la somme
à distribuer en secours. 693
Allocations diverses. 341
A la commune de Yanaon. 448
1886 Subside à un étudiant en droit. 232
Ses. ord.
1886 Subvention à la fabrique de Mahé. 292
Ses. ord.
1886 Subventions aux étudiants en droit de
Ses. ord. Chandernagor. 256, 287, 450
1886 Subvention demandée par la commune
Ses. ord. de Chandernagor pour rembourse-
ment des dépenses de certains tra-
vaux faits à l'école primaire des filles.
(Rejet de la). 255
1886 Subvention à la fabrique de Mahé. 292
Ses. ord.
1888 Subvention à l'exposition permanente
Ses. ord. des colonies. 260

1888 Ses. ord. Subsides à des étudiants en droit. 18, 55, 450

1889 Ses. ext. Subvention à des étudiants en droit (augmentation de la) ... 18

1889 Ses. ord. Subside à Mlle Fallofield ... 281, 282

1889 Ses. ord. Subventions aux communes ... 319

1889 Ses. ord. Subventions aux communes (exposé des motifs relatif aux) ... 320

1889 Ses. ord. Subventions aux communes urbaines (rapport relatif aux) ... 328

1889 Ses. ord. Subventions aux communes urbaines (projet de décret relatif aux). Discussion ... 330, 331

1889 Ses. ord. Subventions aux communes rurales ; rapport ... 336
Discussion ... 338 à 373

1889 Ses. ord. Subvention additionnelle demandée par la commune de Karikal pour l'empierrement des rues de la ville ... 524

1890 Ses. ord. Subvention à un étudiant de l'école coloniale ... 163, 168

1890 Ses. ord. Subside (augmentation du) en faveur des mosquées Mirapally et Couttoubapally. 386

1890 Ses. ord. Subside (augmentation du) pour l'entretien de la musique des cipahis ... 162

1890 Ses. ord. Subvention (demande de) de la société mutuelle des créoles ... 164

1890 Ses. ord. Subvention à la municipalité de Yanaon. 164

1890 Ses. ord. Subvention à l'église de Karikal... 166, 426

1891 Ses. ord. Subvention à la mosquée (transfert de la) ... 149

1891 Ses. ord. Subvention au jeune Rutter pour aller en France se perfectionner dans la peinture ... 441

1891 Ses. ord. Subvention au jeune Filatriau ... 61

1891 Ses. ord. Subsides à des étudiants en droit. 353, 354, 462

1891 Subvention à la commune de Chanderna-

Ses. ord. gor pour la dédommager du droit de perception sur les voitures et chevaux. 252
1891 Ses. ord. Subvention à la commune de Bahour pour mettre en bon état de viabilité les chemins vicinaux.............. 406
1891 Ses. ord. Subvention à la musique des cipahis (augmentation de la)................ 244
1891 Ses. ord. Subvention à la commune de Chandernagor pour l'achèvement du square.... 203

Succession.

1883 Ses. ord. Succession Souprayapoullé (location provisoire et vente d'immeubles appartenant à la)..................... 531
1887 Ses. ext. Succession Souprayapoullé (allocation accordée à M. Aimé, ancien liquidateur de la)........................ 25
1887 Ses. ord. Succession Souprayapoullé (demande de continuation de jouissance de la maison appartenant à la) et d'un subside sur le fonds de cette succession. 610
1889 Ses. ord. Succession Souprayapoullé (rémunération à M. Sicé sur le fonds de la)..... 430
1890 Ses. ord. Succession Souprayapoullé (rémunération à M. O'Kelly sur le fonds de la)... 391
1891 Ses. ord. Succession Souprayapoullé (aliénation d'un terrain dépendant de la) demandée par le comité de bienfaisance.... 423, 430

Surveillants d'irrigation.

1890 Ses. ord. Surveillants d'irrigation (proposition de donner un aide aux) de Nédouncadou et de la Grande-Aldée......... 126, 130

Syndic.

1882 Ses. ord. Syndicales (associations)............... 480

Tabac.

1882 Ses. ord. Tabac (observation sur la coalition des licenciés de)...................... 382
1885 Ses. ext. Tabac (droit sur le)........... 61, 180, 629
1886 Tabac (droit sur le) à Pondichéry...... 56

Ses. ord.

1886 Tabac (droit sur le) à Karikal. 57, 483, 569
Ses. ord.
1888 Tabac (fixation à trois ans de la ferme
Ses. ord. des débits de)............... 286, 312
1888 Tabacs (addition à faire au projet de
Ses. ord. décret sur le régime des)........... 368
1888 Tabac (prévision du produit des débits
Ses. ord. de)............................ 370

Table.

1891 Tables décennales (confection des) des
Ses. ord. actes de l'état civil............ 238, 254
1891 Tables (confection des) des procès-ver-
Ses. ord. baux du Conseil colonial et du Conseil
général............................ 500

Taléarys.

1890 Taléarys (au sujet des)........... 184, 314
Ses. ord.
1891 Taléarys (allocations aux)............. 404
Ses. ord.

Tarif.

1882 Tarif des taxes (exposé des motifs relatif
Ses. ord. au)............................ 141
1882 Tarif des taxes locales pour 1883...... 141
Ses. ord.
1883 Tarif des taxes locales pour 1884...... 414
Ses. ord.
1885 Tarif des taxes locales pour 1885...... 43
Ses. ext.
1885 Tarif des taxes locales. Exposé des mo-
Ses. ord. tifs............................ 53
Rapport de la commission............ 54
Fixation de ce tarif en roupies........ 55
Note du tarif pour 1886............... 61
1886 Tarif des taxes locales pour 1887. 626 à 657
Ses. ord.
1887 Tarif des taxes locales pour 1888 dans
Ses. ord. les cinq Etablissements............ 633
1888 Tarif des taxes locales. Exposé des mo-
Ses. ord. tifs............................ 371
Tarif............................ 384
1889 Tarif des taxes.......................... 447

Ses. ord.
1890 Tarif des taxes (exposé des motifs sur
Ses. ord. le).. 260
Rapport de la commission............ 263
1890 Tarif des taxes.......................... 264
Ses. ord.
1891 Tarif des taxes................... 302, 377
Ses. ord.
1891 Tarifs douaniers (étude de la question
9 mai des) par les conseillers généraux de
Ses. ext. l'Établissement de Pondichéry...... //

Taux.

1883 Taux de la roupie (discussion relative
Ses. ord. au taux réel et au taux légal de la
roupie.................... 557, 576, 586
1884 Taux de la roupie (exposé des motifs
Ses. ext. relatif aux mesures à prendre pour
équilibrer le budget du service local
par suite de l'abaissement du).... 9, 33
1884 Taux de la roupie (exposé des motifs
Ses. ext. relatif à la fixation de la solde du
personnel local et aux modifications
à apporter au tarif des taxes par
suite de l'abaissement du)........... 18

Taxes.

1882 Taxes (discussion de la motion de M.
Ses. ext. Cou Douressamypoullé pour
exempter Karikal de toutes nouvelles) 74
1882 Taxes (exposé des motifs relatif au tarif
Ses. ord. des).. 141
1882 Taxes locales pour 1883 (tarif des).... 141
Ses. ord.
1883 Taxes nouvelles (exposé des motifs con-
Ses. ext. cernant le vote des)........... 14, 50
1883 Taxes locales pour 1884 (tarifs des).... 414
Ses. ord.
1885 Taxes de navigation (exonération des) 35,
Ses. ext. 56, 334, 487
1885 Taxes (question relative à l'uniformité
Ses. ext. des).. 37
1885 Taxes locales pour 1885 (tarif des)...... 43
Ses. ext.

1885 Ses. ord. Taxes locales (tarif des) Exposé des motifs........................ 53
1885 Ses. ord. Rapport de la commission............ 54
Fixation de ce tarif en roupies........ 55
Note du tarif pour 1886.............. 61
1885 Ses. ord. Taxes de navigation (prévision de la recette des)........................ 463
1886 Ses. ord. Taxes locales (tarif des)......... 626 à 657
1886 Ses. ord. Taxes (proposition de supprimer les nouvelles)........................... 237
1886 Ses. ord. Taxes de navigation (perception des) à Karikal............................... 273
1886 Ses. ord. Taxes de navigation à Pondichéry (au sujet de la prévision des)........... 334
1887 Ses. ord. Taxes locales (tarif des) pour 1888 dans les cinq Etablissements............. 633
1888 Ses. ord. Taxes locales (tarif des) exposé des motifs.............................. 371
Tarif.................................. 384
1888 Ses. ord. Taxes de navigation (exemption à Mahé des).............................. 89
1889 Ses. ord. Taxes (tarif des)....................... 447
1890 Ses. ord. Taxes (exposé des motifs sur le tarif des)............................... 260
Rapport de la commission............ 263
1890 Ses. ord. Taxes (tarif des)...................... 264
1891 Ses. ord. Taxes (tarif des).................. 302. 377

Tchaoukidars.

1882 Ses. ext. Tchaoukidars (motion de M. Chanemougom au sujet du rétablissement du corps des)....................... 161

Téléphonique (Réseau).

1887 Ses. ord. Téléphonique (exposé des motifs concernant l'autorisation à accorder à la banque de l'Indo-Chine d'établir à Pondichéry un réseau).......... 94, 95

Terrains-Terres.

1882 Ses. ext. Terres domaniales à Mahé (exposé des motifs concernant la vente de)...... 102

1882 Ses. ext. Terres domaniales à Mahé (rapport de la commission sur la vente de)...... 103
1882 Ses. ord. Terres domaniales à Yanaon (vente de)................................ 181
1882 Ses. ord. Terres domaniales à Yanaon (ferme de)................................ 185
1882 Ses. ord. Terres domaniales à Mahé (vente de)... 351
1882 Ses. ord. Terres domaniales à Mahé (aliénation de)................................ 356
1883 Ses. ext. Terres domaniales à Mahé (exposé des motifs relatif à la vente de)..... 124, 315
1883 Ses. ord. Terrains domaniaux (exposé des motifs concernant les) compris dans l'Établissement de Pondichéry ; location et aliénation......................... 114, 118
1885 Ses. ext. Terres à nelly (demande d'abandon de)............................ 309, 508
1885 Ses. ext. Terrain pour la construction d'un parc à charbon (échange d'un)........... 95
1885 Ses. ord. Terres domaniales à Mahé (aliénation de................................ 112
1885 Ses. ord. Terrain domanial à Pondichéry au profit d'un sieur Abdoulcassimbeck (aliénation d'un)................... 113
1885 Ses. ord. Terrains domaniaux à Chandernagor (aliénation de)...................... 115
1885 Ses. ord. Terrains domaniaux sis à Manapett aliénation de)............................ 650
1885 Ses. ord. Terres à concession à Yanaon (exemption d'impôt pour les)................ 123
1885 Ses. ord. Terrains destinés à la construction d'un marché à Pondichéry (expropriation des)............................. 89, 649
1885 Ses. ord. Terres domaniales (augmentation des décimes alloués à la commune de Yanaon sur le produit de la ferme des)................................ 680
1886 Ses. ord. Terrains domaniaux à Manapett (aliénation de)................................
Exposé des motifs....................... 26
Rapport..................................... 315
1886 Ses. ord. Terrains domaniaux à Calapett (aliénation de)................................

Exposé des motifs........................ 27
Rapport.................................. 315

1886 Ses. ord. Terrain domanial (cession d'un) à un industriel de Bombay pour l'Établissement d'une filature.................. 558

1887 Ses. ord. Terrain (achat d'un) pour la construction de l'école de Couroumbagarom. 63

1887 Ses. ord. Terrain domanial (concession d'un) à la commune de Yanaon.................. 677

1887 Ses. ord. Terrains domaniaux à Pondichéry (exposé des motifs concernant la vente des divers).......................... 447

1888 Ses. ord. Terres (revendication à Chandernagor de deux parcelles de)................ 414

1888 Ses. ord. Terrains domaniaux (vente à Pondichéry de)......................... 60, 411

1888 Ses. ord. Terrains domaniaux (location à Chandernagor de)......................... 412

1888 Ses. ord. Terrain domanial sis à Olandé commune de Pondichéry (exposé des motifs concernant l'affectation à donner à un) 537

1888 Ses. ord. Terres à concession ; (exemption à Yanaon de l'impôt foncier)................ 596

1889 Ses. ord. Terrains (acquisition de) situés dans l'intérieur de l'étang de Cadouvannour. 21

1889 Ses. ord. Terrains domaniaux (concession de) à un contribuable de Pondichéry...... 22

1889 Ses. ord. Terrains (échange de) entre la colonie et la commune de Pondichéry.......... 24

1889 Ses. ord. Terrain domanial (concession d'un) au sieur Copamoty Tataya fils de Patana à Yanaon............................ 35

1889 Ses. ord. Terres à pâturage (conversion des) en terres à nelly................. 303, 318

1889 Ses. ord. Terres (échange de) pour l'ouverture d'une route........................ 20

1889 Ses. ord. Terrains domaniaux situés dans la loge de Calicut (location de deux)....... 27

1889 Ses. ord. Terrains domaniaux à Bahour (location de deux) à la société des Missions étrangères.......................... 421

1889 Ses. ord. Terrains domaniaux à Pondichéry (vente de divers)...................... 41, 70

1890 Ses. ord. — Terrains à Yanaon (acquisition de) pour la construction d'une école primaire 248

1890 Ses. ord. — Terrain domanial à Bahour (action en déguerpissement contre le détenteur d'un)........................ 395

1890 Ses. ord. — Terrains (location des) servant de chantiers au bois........................ 98

1890 Ses ord. — Terrain domanial à Bahour (demande de concession d'un.......... 240, 241, 245

1890 Ses. ord. — Terrains domaniaux à Yanaon (déclassement de)........................ 248

1890 Ses. ord. — Terrains domaniaux ; (demande de cession) faite par la pagode de Tiroucandjy........................ 398

1890 Ses. ord. — Terrains à Bahour (échange de)........ 395

1890 Ses. ord. — Terrains domaniaux à Bahour (location de)........................ 390, 399

1890 Ses. ord. — Terrains (restitution de) faite par la compagnie du chemin de fer de Pondichéry........................ 242

1891 Ses. ord. — Terrains (achat de) pour le rétablissement de la ruelle Amenatalla à Boro (Chandernagor)........................ 424

1891 Ses. ord. — Terrains domaniaux (action à intenter contre les détenteurs de)........... 53

1891 Ses. ord. — Terrains domaniaux de Yanaon (aliénation de)........................ 64

1891 Ses. ord. — Terrain dépendant de la succession Souprayapoullé (aliénation d'un) demandée par le comité de bienfaisance 423, 430

1891 Ses. ord. — Terrain domanial à Yanaon (concession d'un).............. 63, 428, 429, 430, 431

1891 Ses, ord. — Terrains (échange de) entre la Colonie et des particuliers........ 342, 343, 350, 425

1891 Ses. ord. — Terrains domaniaux à Mahé (fixation du prix de vente des)........................ 57

1891 Ses. ord. — Terrains (demande d'échange de) faite par le sieur Cannagavatiyar Laclef.. 461

1891 Ses. ord. — Terrain sis à Kirmapacom (demande de location d'un)........................ 462

1891 Ses. ord. — Terres domaniales (location de). 58, 62, 65, 423, 430

Timbre.

1882 Ses. ext. Timbre (exposé des motifs et projet du décret relatif au droit de).......... 106
1882 Ses ext. Timbre ; (rapport et contre projet du décret proposé)..................... 107
1882 Ses. ext. Timbre (discussion sur l'ensemble du contre projet de décret sur le). 119 à 135
1882 Ses. ord. Timbre (révision du projet de délibération sur le).......................
Discussion.......................38, 41
1882 Ses. ord. Timbre (examen par article du projet de délibération sur le). 51, 77
1883 Ses. ord. Timbre (motion relative à l'exemption du droit de) pour les demandes de certificat de versement au trésor........ 233
1885 Ses. ext. Timbre (droit de)...................... 52
1885 Ses. ord. Timbre (prévision de la recette du droit de)................. 461
1886 Ses. ord. Timbre (au sujet de la prévision du droit de) ; discussion du Conseil ramenant ce droit à 23 caches soit 1 fanon........................ 330, 334
1889 Ses. ord. Timbre (droit sur le)............. 302, 304
Demande d'une commission pour étudier le droit sur le)................ 563
1890 Ses. ord. Timbre (droit de) ; extension de ce droit aux actes commerciaux rejetée ; proposition d'exempter de ce droit les demandes d'autorisation de se servir d'instrument de musique rejetée. 192, 203
1891 Ses. ord. Timbre (droit de) sur les effets de commerce............................ 309

Tirnoular.

1883 Ses. ext. Tirnoular (empierrement de la route de) 86

Titre.

1883 Ses. ord. Titre de rente acheté au nom du comité de bienfaisance de Chandernagor (transfert au nom de la Colonie d'un) 352, 510, 574

1885 Ses. ord. Titre de rente (aliénation d'un)........ 475
1891 Ses. ord. Titre de rente (aliénation d'un) demandée par le comité de bienfaisance de Pondichéry........................ 430

Tombeaux.

1888 Ses. ord. Tombeau de M. Farine (construction à Colombo du)........................ 294

Tonnage.

1886 Ses. ord. Tonnage et de manifeste (droit de)..... 334

Traitement.

1885 Ses. ord. Traitement du personnel (réduction au nouveau taux de la roupie du)........ 280
1885 Ses. ord. Traitement du personnel (retenue de 3 p. 0/0 sur le)........................ 90

Transport.

1883 Ses. ext. Transport (frais de) des magistrats en matière criminelle........ 180, 187, 315

Travaux.

1883 Ses. ext. Travaux neufs (discussion relative aux). 36, 41, 43, 61, 72, 78, 114, 128
1883 Ses. ord. Travaux neufs (lettre du président au Ministre au sujet des). Réponse du Ministre........................ 10, 21
1883 Ses. ord. Travaux neufs. (Interpellation sur le retard apporté à Karikal dans l'exécution des)........................ 26, 60
1885 Ses. ext. Travaux d'irrigation (mode d'exécution des)........................ 404
1887 Ses. ord. Travaux publics............ 134, 344, 727
1888 Ses. ord. Travaux des ponts et chaussées. (Exécution par voie d'entreprise des)...... 463
1889 Ses. ord. Travaux d'entretien et des édifices publics........................ 398
1890 Ses. ord. Travaux d'entretien (au sujet des). 316, 346

Trésor. Trésorier (payeur).

1888 Ses. ord. Trésorier-payeur (au sujet des frais de service du)........................ 527

1891 Ses. ord. Trésor (au sujet de l'interprète du) chargé de la certification des signatures tamoules 188
1891 Ses. ord. Trésorier-payeur. (Augmentation des remises au) 188

Tribunal.

1890 Ses. ord. Tribunal de première instance de Chandernagor (demande de rétablissement du) 452
1891 Ses. ord. Tribunal de première instance; (construction d'une chambre et d'une cage d'escalier) 297

Usine.

1891 Ses. ord. Usine à vapeur pour la fabrication des sacs de jute 339, 341

Vaccinateurs.

1882 Ses. ord. Vaccinateurs (maintenir la solde des) au budget municipal et leur nomination par le maire 186, 190
1885 Ses. ext. Vaccinateur. (Création d'un emploi de) 372, 470

Vanille.

1891 Ses. ord. Vanille (suppression de la prime pour la) 225

Vanjiar.

1882 Ses. ord. Vanjiar (redressement du) 515
1883 Ses. ord. Vanjiar. (Construction d'une câle en maçonnerie sur la rive du) 338

Vente.

1882 Ses. ext. Vente de terres domaniales à Mahé (exposé des motifs concernant la); rapport de la commission 102, 103
1882 Ses. ord. Vente de terres domaniales à Yanaon .. 181
1883 Ses. ext. Vente de terres domaniales à Mahé (exposé des motifs relatif à la) 124, 315
1883 Ventes d'immeubles pour cause d'ar-

Ses. ord. riérés d'impôt (motion relative aux affiches relatives aux)............... 594
1887 Ses. ord. Vente de divers terrains domaniaux à Pondichéry. (Exposé des motifs concernant la)........................ 447
1888 Ses. ord. Vente à Pondichéry de terrains domaniaux.......................... 60, 411
1889 Ses. ord. Vente de divers terrains domaniaux à Pondichéry...................... 41, 70
1890 Ses. ord. Vente d'une boutique sise à la Grande-Aldée. (Autorisation concernant la)... 390
1891 Ses. ord. Vente des terrains domaniaux à Mahé (fixation du prix de)................ 57

Villages.

1883 Ses. ord. Village de Vambakirepaleon (agrandissement du)......................... 102
1885 Ses. ext. Village de Saronpettah. (Déclassement du)................................ 123
1885 Ses. ext. Village d'Edéarpaléon (reconstruction du)................................. 433
1888 Ses. ord. Village des Macouas. (Reconstruction du)................................. 537

Vins et liqueurs.

1882 Ses. ord. Vins et liqueurs (droit sur les......... 468
1883 Ses. ext. Vins et liqueurs (projet de délibération relative au droit sur les)........ 10, 68
1887 Ses. ext. Vins en détail (classification des marchands de) au tableau des patentes... 21

Virement.

1882 Ses. ext. Virement de crédits des dépenses facultatives du budget de 1881. (Exposé des motifs relatif à la demande d'un).. 167

Visite.

1886 Ses. ord. Visite du Vice-Roi de l'Inde....... 20, 25

Voirie.

1883 Ses. ord. Voirie (projet d'arrêté sur la)........... 574
1885 Ses. ext. Voirie (projet d'arrêté sur la)........... 511

Voiture.

1885 Ses. ord. Voitures et charrettes. (Droit sur les). Rapport. Discussion...... 634, 573, 635
1891 Ses. ord. Voitures et chevaux. (Impôt sur les)... 34 à 52, 196, 312

Volontaires.

1883 Ses. ord. Volontaires destinés pour le Tonkin (formation d'un corps de)... 71, 100, 129

Voyage.

1885 Ses. ord. Voyage du Gouverneur dans les Dépendances. (Crédit pour les dépenses du). 344
1888 Ses. ord. Voyage du Gouverneur dans les Dépendances.............................. 509
1889 Ses. ord. Voyage du Gouverneur dans les Dépendances.............................. 561
1891 Ses. ord. Voyage du Gouverneur............... 34

www.ingramcontent.com/pod-product-compliance
Ingram Content Group UK Ltd.
Pitfield, Milton Keynes, MK11 3LW, UK
UKHW051020210726
13857UKWH00006B/618